평범한 홍사원은

어떻게
팀장의
마음을

훔쳤을까

평범한 홍사원은 어떻게 팀장의 마음을 훔쳤을까

아무도 알려주지 않는 사회초년생 직장생활백서

도현정 지음

원에원북스

졸저의 탄생 기원에는 '후추'가 있습니다

어느 봄날 차를 타고 강의장을 가던 중, 신입사원을 위한 실제 사례 중심의 교본과 같은 책을 만들어보면 좋겠다는 생각이 이 책의 시발점이었습니다. 그리고 이어진 생각의 끝에 나온 책의 가제는 바로 '후배들에게 추천하는 책'이었습니다.

'후배들에게 추천하는 책'에서 앞 글자를 따온 '후추'는 산해진미의 맛과 향을 더해준다는 개념으로 제 사고의 틀을 정리하는 데 도움을 주었습니다. 또한 제가 실제로 만나게 될 후배들, 즉 이제 막 회사생활을 시작하는 신입사원들에게 전하고 싶은 유용한 이야기들을 머릿속에서 끄집어내고자 꽤 많은 밤을 하얗게 지새울 수 있게 만들어준 원동력이었습니다. 또 '후추'라는 단어에 끌렸던 이유는 이 책이 후배들에게 추천하고자 하는 사례들을 소개하고 있다는 것을 직접적으로 드러낸다는 점에서도 꽤 낯선 감각을 갖춘 듯 보였고, 향신료로서 후추가 갖는 역사적 의미도 매력적이었기 때문입니다.

역사적으로 볼 때 후추는 전쟁의 중심에 있었습니다. 굉장히 작은 알갱이에 불과하지만 후추로 인해 크고 작은 전쟁들이 끊임없이 일어났을 만큼 그 가치가 어마어마할 때도 있었습니다. 로마시대에는 후추가 부의 척도였고, 어떨 땐 금값과도 같았던 이유는 후추의 강력한 맛 때문이 아니었을까 싶습니다. 밋밋한 음식도 후추가 들어가면 완벽한 음식처럼 느껴지며, 소금을 대신하는 맛을 포함해 100가지 이상의 향을 낼 수도 있고, 고기의 부패를 막는 작용까지 했으니 말입니다.

저의 작은 소망은 이 책이 신입사원들에게 후추 같은 역할을 하게 되길 바라는 것입니다. 요즘 자기 자리에서 최선을 다하지 않는 신입사원들이 어디 있겠습니까? 후추가 음식에 맛을 더하는 것과 같은 섬세한 1~2%, 딱 그 정도의 스킬을 더 해내는 사원인가, 그렇지 않은가의 차이만 있을 뿐이겠죠. 그러니 이 책에서 전하는 에피소드들이 신입사원들의 시행착오를 조금이나마 줄여주길 바랍니다.

물론 '후배들에게 추천하는 책'은 자기계발서로 느껴지기 어려운 제목이다 보니 세상의 빛은 보지 못하게 되었지만 이 책을 쓰는 동안 늘 마음속에는 '후추'가 있었습니다. 후배들에게 제가 기록해온 실질적인 사례가 후추 같은 가벼움으로, 하지만 절대 가볍지 않은 진한 향기로 느껴지길 바랍니다.

이 책은 여러분 같은 신입사원들의 실제 이야기입니다. 어떻게 해야 할지 알 수 없는 일을 만나 답답하다면 이 책을 한번 펼쳐보길 바랍니다. 정답을 찾진 못하더라도 팀장님뿐만 아니라 다른 상사들의 마음을 사로잡을 수 있는 사소한 힌트를 얻길 바랍니다.

이 책은 크게 3장으로 나누어져 있습니다. 처음 직장생활을 시작하면서 무엇을 어떻게 해야 할지 혼란스러울 때도 놓치지 않고 꼭 붙들고 있어야 하는 '기본'에 관한 이야기가 1장입니다. 사무실에 첫 출근할 때, 부서에 처음 배치받았을 때 등 잘하고 싶은 마음은 굴뚝같은데 서툴기 짝이 없고 열정은 가득하나 스킬은 전혀 없을 때 선배들은 어떻게 시작했을지 1장을 슬쩍 살펴보길 바랍니다.

2장에서는 기본을 넘어 '일'이라는 것을 제대로 하고 싶을 때 어떤 전술을 쓰면 좋을지를 다루었습니다. 보고, 프레젠테이션, 상사와의 대화 등 무작정 해보자니 어떻게 해야 할지 난감한 것들에 대한 쉬운 접근법을 담았습니다. 일을 하다가 가끔 업무의 한계를 느낄 때 한번 뒤적여 보면 좋겠습니다.

3장은 기본을 채우고 일을 잘한다 해도 뭔가 자신이 부족하게 느껴지는 후배들에게 전하고픈 이야기입니다. 아무리 일을 잘해도 함께하고 싶지 않은 동료가 있고, 일은 조금 부족하지만 한편이 되고 싶은 동료가 있습니다. 그 미묘한 차이는 어디에서 오는 건지, 머리와 상관없이 마음을 움직이게 만드는 사람들은 어떤 태도로 주변을 대하는지, 진한 중독성을 가진 후추 같은 신입사원들의 이야기를 모았습니다.

이 책은 에피소드 위주로 구성된 책이다 보니 스킬을 나열하는 짧은 호흡의 책이라기보다는 긴 호흡의 수필처럼 느껴질 것입니다. "이렇게 해라!"라고 강압적으로 말하기보다는 선배가 후배에게 이야기를 들려주듯이 생생하게 쓰고자 했기 때문일 수도 있습니다. 물론 간혹은 정말 중요한 포인트를 강조하다 보니 충고한다고 느껴질 수도 있을 겁니다. 그래도 그런 충고가 기분 나쁘지는 않았으면 합니다. 에피소드에 생각을 정리하면서 그러지 않으려고 애를 쓰긴 했으나 책의 성격상 어쩔 수 없이 꼭 전달해야 하는, 강조해야 하는, 교과서 같은 부분이 있을 수밖에 없지 않나 변명해봅니다.

사실 책을 쓴다는 것은 참으로 어려운 일이라고 생각했습니다. 책을 쓰는 단계까지 가려면 '1만 시간의 법칙' 외에도 꽤 많은 조건을 갖추어야만 한다고 생각했습니다.

그런데도 책을 쓰겠다고 마음먹은 가장 큰 이유는 한 가지의 스킬을 전달하기 위해 수많은 사례를 전달하는 데 '강의'라는 틀은 한계가 있기 때문입니다. 무릇 강사가 말이 길어지면 어느 순간에는 참 듣기 싫은 잔소리처럼 느껴지지 않겠습니까? 지금 이 순간에도 이 책이 소설처럼 재미있진 않아도 잔소리처럼 느껴지진 않으면 좋겠습니다. 실제 현장에서의 기록이니 책 내용 중 하나 정도는 기억하고 써먹을 수 있길 바랍니다.

아마도 제가 신입사원들을 위한 책을 썼다고 하면 헛웃음을 지으실, 저의 부족함을 보셨던 많은 분들께는 이 책을 쓰며 스스로 많은 고민과 반성을 했음을 고백합니다. 그래서 앞으로 좀 더 나은, 괜찮은 사람이 되도록 노력하겠다는 말씀을 드립니다.

그럼에도 불구하고 다양한 조직의 사람들을 만난 것만으로도, 그들을 보고 기억하고 기록한 것만으로도 좋은 글을 쓸 수 있을 거라고 믿어주신 분들께 진심으로 감사드립니다. 그 덕분에 감히 제가 단 한 사람이라도 누군가에게는 도움이 될 수 있지 않을까 꿈꾸게 되었습니다.

'이분들이 도와주지 않았다면 어땠을까?' 고마운 분들의 얼굴을 떠올려봅니다. 사람들 앞에서 말할 기회를 주셨던 초등학교 1학년 담임선생님부터 제게 기본을 알려주고 일의 기회를 주신 많은 분들, 저를 믿어주셔서 고맙습니다. 늘 관계의 소중함을 느끼게 해주는 지인분들, 언제나 곁에서 힘을 주셔서 고맙습니다.

뭐 그리 대단한 일을 한답시고 글을 쓰면서 가족들에게는 예민함을 숨기지 못했습니다. 그런데도 누구나 할 수 있는 일이 아니라며 자랑스러워 해주셔서 고맙습니다. 사랑합니다.

이 이야기들을 전할 귀한 기회를 주신 원앤원북스 직원 여러분, 고맙습니다.

무엇보다도 이 책의 주인공으로 멋진 능력을 보여준 이젠 신입사원이 아닌 신입사원 분들, 그리고 강의장 밖을 나설 때 저 자신을 반성하게 해준 기억 속의 교육생 분들, 고맙습니다.

그리고 맺는말로 참 식상할 수 있겠지만 그래도 이 말은 꼭 하고 싶습니다. "곁에 없으면 허전하고 궁금해지고 한 번 경험하면 헤어 나오기 어려운, 때로는 누군가에게 부족한 1%를 채워주고, 때로는 100%의 완벽함으로 자신을 드러낼 수 있는, 많은 이들에게 오랫동안 기억되는 신입사원이 되길 진심으로 응원합니다."

도현정

1장 기본, 어떻게 시작해야 할까?

2장 일, 어떻게 잘할 수 있을까?

3장 관계, 어떻게 이끌어가야 할까?

기본,
어떻게 시작해야
할까?

알고 있지만 실천으로 옮기기 어려운 것들이 있다. 예를 들어 시험 보기 전날 밤 '내일 일찍 일어나서 공부해야지.'라고 다짐했지만 어김없이 늦잠을 자서 시험을 망친 경험이 있을 것이다. 수많은 다짐들이 실패로 이어진 것은 의지가 박약해서이기도 하지만 반복된 행동이 '습관'이 되지 않아 자신의 '기본'으로 자리 잡지 못해서다. 직장인에게 '기본'은 월급에 대한 가치 창출이다. 당신은 월급 받는 만큼 일하고 있는가?

마인드는 행동으로
드러나기 마련이다

최선을 다하더라도 티 나지 않으면 소용없다.
행동하지 않았는데 찾아오는 행운 같은 건 이제 없다.

기업교육 강사가 되기 전 한 기업교육 컨설팅사에서 근무를 한 적이 있다. 그때 그녀와 함께 일한 것은 내게 굉장한 행운이었다. 내가 대리로 갔을 때 그녀는 이제 갓 학교를 졸업한 인턴이었다.

사실 인턴은 사랑을 받기가 쉽지 않다. 언제 떠날지도 모르니 정을 주기도, 일을 상세히 가르쳐주기도 어렵다. 하지만 일을 함께하긴 해야 한다는 점에서 오히려 상사보다도 불편한 이들이 인턴일 수 있는 것이다. 그런데 그녀는 신기하게도 상사의 사랑을 듬뿍 받고 있었다. 나는 그녀가 상사들에게 좋은 평을 받는 이유를 일주일도 채 되지 않아 알 수 있었다. 매일은 아니어도 대부분의 경우 다른 직원보다 일찍 출근해서 일할 준비를 하는 모습, 언제나 웃으면서 사람들과 인사를 나누는 모습, 상사가 무엇인가 시키면 일단은 실행에 옮기는 모습, 그러다가 잘못을 하면 남을 탓하는 것이 아닌 자신이 부족했음을 바로 인정하는 모습, 최상의 능력이 아니더라도 최선의 노력으로 맡은 바 업무를 대하는 모습, 그녀의 평소 태도가 이러했다.

준비된 자에게
기회는 찾아온다

멋진 상사를 만나길 신입사원들이 소원하는 만큼 상사들도 기가 막히게 멋진 부하직원이 들어오길 바란다. '쿵'이라고 말해도 '콩'으로 알아들을 만큼 마음까지 통하면 얼마나 행복하겠는가? 상사들도 그렇게 소원하며 부하직원을 맞이한다. 능력이 뛰어난 부하직원도 좋지만 그보다는 좋은 자세의 후배직원이 들어오길 먼저 희망한다. 물론 일을 가르쳤을 때 효과가 드러날 만큼 귀까지 열려 있으면 금상첨화다.

  그래서 나는 그녀와 한 팀이 된 것이 참으로 다행이자 행운이라고 생각했다. 많은 일들을 함께 이루며 희열을 느끼기도 했고, 내가 연장자이자 상사이긴 했지만 오히려 그녀에게 고충을 털어놓고 위로받기도 했다. 그러다 그녀는 남들이 모두 희망하는 대기업으로 이직을 했는데 그 사연이 참으로 놀랍다. 그래서 더 오랫동안 그녀를 기억하는지도 모르겠다.

우리가 일하던 회사는 다른 회사들의 교육을 컨설팅하는 회사로, 타 회사에서 교육을 위탁해오면 회사 직원들을 연수원으로 인솔해야 한다. 또한 의뢰한 회사와 교육 전반에 걸친 많은 일들을 함께 진행하기도 한다. 교육이 끝날 때까지 책임져야 하는 일들이 꽤 많았고, 설령 기획을 담당한다 하더라도 현장에서는 교육 진행을 도와야 한다.

교육 진행이라 함은 늦잠을 자느라 강의장에 오지 않는 교육생들의 방문을 일일이 두드려 깨우기도 해야 하며, 강사를 도와 강의에 필요한 준비물을 교육생들에게 나누어주기도 해야 한다. 회사 직원들이 교육을 받는 동안 불편하지 않도록 강의장의 쓰레기를 치우는 일부터 강의장 복도에 간식이 떨어지지 않도록 수시로 채워놓는 일, 교육생이 아프면 비상약을 사오는 일까지 어찌 보면 열심히 해도 전혀 티가 나지 않는 허드렛일을 다 해야 하는 것이다.

그녀는 이런 일이 주 업무인 인턴이었다. 어느 날 타 회사 교육 연수원에서 간식을 정리하던 그녀는 다른 회사의 강의장 앞 복도가 눈에 들어왔다. 교육 진행자가 따로 없었는지 간식을 놓아둔 자리가 지저분하기 짝이 없었단다. 별 생각 없이 그녀는 그들의 강의장 복도에서 커피믹스를 정리해두고 지저분한 찻숟가락을 씻어 다시 놓고 쓰레기를 치웠다고 한다(나는 이 이야기를 들으며 "참 오지랖도 넓다."라고 말했었다.)

기회라고 하는 것은 우연찮게, 때로는 정말 기대하지 않은 방향에서 다가온다. 그리고 그 기회를 잡을 수 있는 촉을 가진 사람이 있고, 그렇지 못한 사람이 있는 것이리라. 늘 준비된 자세로 자신에게 주어진 일

이상의 일을 하는 이들에게만 올 수 있는 특별한 기회가 그녀에게 찾아왔다. 신기하게도 그녀가 그렇게 자기가 하지 않아도 되는 일을 하는 순간, 그 모습을 멀리서 지켜본 사람이 있었던 것이다.

극적인 드라마를 떠올리며 '설마 그 회사의 회장님?'이라고 생각하진 말기를. 그런 일은 드라마에서나 일어나는 것이니 세상 만만하게 보지 말자. 그 사람은 연수원에 교육을 하러 온 강사였다. 그 강사는 그날 이후 그녀와 몇 차례 일을 함께하면서 매사에 열심히 하는 그녀의 모습을 눈여겨보았다. 물론 그 모든 과정에서도 그녀가 자신에게 주어진 일 이상의 일을 했음이 분명하다. 그 성실함을 눈으로 확인한 강사는 많은 이들이 부러워하는 회사의 인재개발원 직원에게 그녀를 추천했다. 그리고 우연처럼 다가온 기회를 그녀는 필연처럼 잡았다. 이처럼 기회라는 것이 언제, 어디서, 어떻게 올지 모르는 일이니 이 정도면 오지랖도 펼칠 만하지 않겠는가?

조직은
마음을 알아주지 않는다

그녀는 면접을 통해 멋지게 회사를 옮겼다. 경력 사원으로 입사해 연봉은 옮겨 간 순간 2배로 껑충 뛰었으며, 그렇게 옮긴 회사에서 5년간 일하고는 또 다른 회사의 스카우트를 받아 또 한 번 성공적으로 이직했다.

그녀는 남들이 부러워하는 소위 SKY대학교 졸업장을 가진 것도 아니었고, 피 터지게 경력을 쌓아온 것도 아니었다. 하지만 누구보다 멋지게 자신의 길을 가고 있다.

지금은 그녀와 한 사무실에서 일하고 있지 않지만 그녀가 출근하는 모습이 눈에 선하게 그려진다. 남들보다 조금 일찍 회사에 출근하고 밝은 얼굴로 상사들에게 인사를 건네는 모습, 분명 탕비실에 종이컵이 떨어져 있다면 냉큼 주워서 쓰레기통에 버리는 모습들이 말이다.

그리고 이런 그녀의 평범한 일상이 실상 일반적인 많은 회사의 신입 직원들에게는, 그리고 아직도 애사심을 느끼지 못하고 무엇을 해야 할지 몰라 허둥대고 있는 인턴들에게는 참으로 쉽지 않은 일상의 노력임을 여러분도 잘 알 것이다.

안타깝게도 회사는, 사회는 마음을 알아주지 않는다. 서로 사랑을 나누는 가족도 아니고 오랜 시간을 함께한 친구도 아니기 때문이다. 그래서 여러분이 회사를 얼마나 사랑하고 이 회사에 입사한 것을 얼마나 기뻐하는지, 그래서 얼마나 최선을 다해 예쁨받는 직원이 되고 싶은지를 표현하지 않으면 회사와 상사는 그 마음을 알지 못한다.

물론 그렇다고 매일같이 출근해서 회사에 대한 자신의 진심을 고백만 하면서 하루를 보낼 순 없다. 그래서 회사에선 티를 내야 한다. 티 나는 행동을 아무 때나 의미 없이 하라는 뜻이 아니다. 행동할 줄 알아야 하고, 그 행동에 진심이 묻어 있다면 애쓰지 않아도 그 행동은 자연스럽게 티가 날 것이다. 진심일수록 생각하지 않아도 몸이 기억하고 행동으로 드러나기 때문이다. 수영을 오랫동안 배우면 물에 빠졌을 때 머리보다 몸이 먼저 반응해 물살을 가르게 된다. 한참 동안 그라운드에 서지 않았던 야구선수들이 올스타전을 위해 그라운드의 흙을 밟는 순간 일반인과는 걷는 폼부터가 달라지는 것과 마찬가지다.

마음이 겉으로 표현되면 얼마나 좋겠는가? 정말로 회사에 입사한 것이 기쁘다면 남들보다 조금 일찍 출근해서 책상 정리를 하고, 복도에 있는 휴지쯤이야 청소 아주머니가 있다 하더라도 직접 주울 수도 있다. 이 회사를 정말 사랑한다면 탕비실 정수기에 지저분해 보이는 커피 자국을 티슈로 닦을 수도 있는 일이다.

만약 그 모든 행동이 진심이라면 언젠가 그것을 멀리서 발견한 상사에게 당신의 진심이 전달되지 않겠는가? 그리고 이 모든 일들은 회사를 가벼운 발걸음으로 출근하고, 멋진 미소로 퇴근하는 데 아주 조금이라도 당신에게 도움이 되지 않겠는가?

하찮아 보이는 일을
대하는 자세의 차이

어느 회사건 잡일이라는 건 종류의 차이일 뿐 크기는 비슷하다.
잡일을 대하는 각자의 마음의 크기가 다를 뿐이다.

회사가 크면 클수록 그 큰 시스템에 오류가 발생하지 않도록 신입사원이나 인턴에게 머리를 써야 하는 일을 시키지 않는 경우가 많다. 그러다 보니 회사는 누구나 할 수 있는 일, 어찌 보면 사소한 소위 '잡일'들을 인턴이나 신입사원에게 시키게 된다. 대리 정도는 되어야 머리 쓰는 일을 배우기 시작할지도 모른다.

작은 회사도 마찬가지다. 인턴에게 큰 기대를 하거나 엄청난 능력을 원하지 않는다. 물론 빨리 실무를 익혀 적재적소에서 빛나는 활동을 해주길 원하겠지만 적어도 그 모든 것을 인턴 때부터 해주길 원하지는 않는다.

한번은 지인의 회사에도 인턴이 있다고 하기에 이렇게 물어본 적이 있다.

"김 팀장님 회사 인턴은 무슨 일을 하나요?"

"인턴? 아무 일도 안 하는데…."

"예?"

"아무 일도 안 해."

"에이, 농담하지 마시고 무슨 일을 시켜요? 뭔가 시키는 것들이 있지 않아요?"

"알면서 뭘 자꾸 물어봐. 아무것도 안 시킨다니까!"

"…."

"그들에게 애사심을 강요할 수 없잖아. 그래서 안 시켜. 아! 술자리에는 데려가지. 친하게 지내면 일을 시키기 편하긴 하니까."

인턴을 넘어 신입사원에 이르는, 꽤나 길다고 느껴지는 그 시간 동안 회사는 당신에게 아무것도 시키지 않을 수도 있다. 특히 당신의 능력을 보여주는 일을 만나기까지는 더 오랜 시간을 기다려야 할지도 모른다. 그러나 상사가 시키는 모든 일, 누구나 할 수 있고, 굳이 머리를 쓰지 않아도 되고, 타고난 능력이 없어도 할 수 있는 모든 일을 잡일로 취급하지 않고 열심히 해내는 멋진 친구들이 있다. 반면 상사가 기회는 주지 않고 하찮은 일만 시킨다며 꼭 필요한 일들도 잡일로 취급해버리는 친구들도 있다. 그래서 우리 사회는 성공하는 사람과 그렇지 못한 사람으로 나뉘는 것이다.

잡일을 대하는
고수의 자세

당시 김 주임이라 불렸던 후배직원에 대한 이야기를 조금 해볼까 한다. 이 친구의 잡일 능력이 그를 얼마만큼 성장시켰는지 그 과정을 끝까지 지켜보진 못했지만, 그의 현재 위치가 참 멋지다는 소식을 전해 들었다.

김 주임은 손이 좀 빠른 친구였다. 워드, 엑셀, 글자 쓰기, 하다못해 사무실 자기 책상을 정리할 때도 보면 '저 친구 손이 좀 빠르네.' 싶었다. 아니나 다를까, 그 친구의 이러한 능력은 상사의 눈에 금세 발각(?)되었고, 이 친구는 다른 동기들에 비해 더 많은 잡일들을 쉴 없이 하게 되었다. 서류에 스테이플러 정확하게 찍기, 엑셀파일 정리하기, 이사님의 연설을 녹취해 워드로 남기기 등등 우리가 봐도 좀 딱하다 싶을 정도로 잡일을 했다. 그 당시 신입사원이었던 나는 처음엔 그가 부러웠다. 그렇게라도 상사와 대화를 많이 하고 기회를 얻게 되니 상사에게 예쁨받지 않겠는가? 그땐 잡일을 받는 것조차도 기회라고 생각했다.

그런데 며칠이 지나자 그의 능력과 기회는 더 이상 아무도 부러워하지 않게 되었다. 그의 잡일은 시간이 가도 줄지 않았고 사람들은 앞에서는 그를 칭찬하지만 뒤에서는 (좀 나쁘게 말하면) 이용하는 게 아닌가 싶을 만큼 잡일을 시켰다. 김 주임은 열심히 일을 할 수밖에 없는 상황이 되었고, 나는 어느 순간부터 김 주임이 점점 딱하게 느껴졌다. 하지만 김 주임은 사람들이 어찌 느끼든, 무슨 말을 하든, 관심이 없는 듯 묵묵히 잡일을 해냈다. 그리고 잡일의 속도는 점점 빨라졌다. 가끔은 '스테이플러 빨리 찍기' 올림픽 종목이 있으면 금메달도 딸 수 있겠다 싶었다. 그렇게 열심히 일하는 그를, 누가 어떻게 미워할 수 있겠는가?

어느 날은 김 주임 눈 밑에 다크서클이 회사 복도의 먼지를 쓸 만큼 늘어져 있는 것 같기에 내가 커피 한 잔을 사주며 물었다.

"김 주임님, 힘들지?"

"네?"

"티 안 나는 잡일하기 힘들지? 과장님이 좀 심하다 싶다. 좀 쉬엄쉬엄해. 너무 잘하니까 계속 시키는 거잖아."

"아니에요. 전 괜찮아요. 과장님 덕분에 두 달 전보다 손이 더 빨라졌어요. 저 이제 엑셀 식만큼은 정말 기가 막히게 만들 수 있어요. 그리고 아직 디자인은 어렵지만 파워포인트 만드는 것도 진짜 빨라졌어요. 저 그렇게 하루 종일 일만 하진 않아요. 올림픽 경기하듯 시간을 재면서 일을 해봤는데요, 이젠 과장님이 정하신 데드라인보다 시간이 적게 걸리더라고요. 그래서 요즘은 지시하신 일을 빨리 끝내고 좀 쉬어요. 인터넷 보면서 딴짓도 하고. 티는 잘 안 나죠? 노는 거 티 나면 안 되는데."

뒤통수를 맞은 기분이었다. 그는 나보다 고수였다. 내가 충고하고 위로하며 음료수를 사줄 군번이 아니었던 것이다. 김 주임은 잡일을 하면서도 이런 생각을 한 것이다.

'이것은 잡일이 아니다. 바로 나 자신을 테스트하는 것이다.'

나는 지금 돈을 받으며
하드 트레이닝받고 있다!

누군가가 나에게 토할 만큼 많은 일을 준다면 그 순간 이렇게 생각하면 좋을 것이다.

'나는 지금 월급을 받으면서 돈 한 푼도 안 내고 하드 트레이닝을 받고 있다. 저 분이 나의 트레이너다.'

김 주임은 잡일을 잡일로 받아들인 것이 아니라 자신을 트레이닝시키는 하나의 도구로 기꺼이 받아들였고 그 시간을 즐겼다. 때론 육체적으로 힘들었을 테고 때론 상사가 무척 밉기도 했을 것이다. 하지만 업무가 숙달되고 상사의 성향을 파악한 순간, 분명 시간은 조금씩 남았을 것이다. 남는 시간을 남들 몰래 쉬는 시간으로 만들어놓으며 희열도 느꼈을 것이 분명하다. 그렇게 멋진 전략을 나 같은 하수가 알 턱이 있겠는가? 그땐 나도 '그저 잡일은 잡일일 뿐!'이라고 여겼던 어리석은 신입이었던 것을.

지금은 안다. 신입사원 때 우린 누구에 의해서라도 하드 트레이닝을 받아야 한다. 스스로 자신을 하드 트레이닝하고 있다면 정말 좋겠지만 우리는 자신에게 꽤나 관대하지 않은가?

신입사원일 때 누군가에 의해서라도 억지로 손이 빨라지는 훈련을 받을 수 있다면 빠른 시일 내에 잡일에서 벗어날 수 있다. 시간이 흐르고 연차가 쌓이면 머리가 빨라야 할 수 있는 일을 만나게 된다. 그러니 내 손이 얼마나 빠른지, 나의 잡일 능력이 어디까지인지를 확인할 기회가 있다면 기꺼이 받아들이자. 그럼 그 어떤 사람들보다 여유 있게 머리를 쓰며 자신의 시간을 자신에게 투자하며 지낼 수 있다.

한 번은 만나게 될 강적, 나의 하드 트레이너를 이왕이면 젊을 때 만나게 되길 기대하자. 그때는 시키지도 않았는데 일을 하게 되는 워커홀릭이 되어보는 것이다. 설령 그것이 잡일이라 하더라도 그 '잡일'을 '잡일job work'로 받아들이는 순간 손이 아닌 머리로 일하고 있는 자신을 발견하게 될 것이다.

최근에 그 지인을 다시 만났다.

"요즘도 인턴 있죠, 팀장님 회사에?"

"응. 요즘은 인턴을 아주 효율적으로 관리하고 있어. 일을 시키거든."

"어떤 일을 시키는데요?"

"먼저 엑셀작업. 그리고 미팅 시간 조율이나 정리도 시켜. 우리 팀이 외부와 미팅이 무지 많은 팀이거든. 그 외에도 공유파일이나 이메일 정리, 회의 준비 등 많은 일에 효율적으로 참여시키고 있지."

회사가 인턴과 신입사원들에게 가장 바라는 것은 어쩌면 중요한 것을 중요하게 인식하는 것, 기본을 충실하게 이행하는 것, 그 기본만으로도 충분히 조직에 스며드는 것이리라. 물론 그 기본이 가장 어렵다는 것을 우리 모두 알기에 자신에게 주어지는 잡일을 대충 하면 안 된다.

　지각하지 않기, 인사 잘하기, 자신감 넘치게 말하기, 밝은 표정으로 분위기 이끌기, 회식 자리에 즐겁게 참여하기, 그리고 다음 날 멀쩡하게 남들보다 먼저 출근하기 등 자신이 하는 일은 어떤 일이든 잡일이라고 우습게 보지 말자. 잡일이니 대충 하자고 마음먹는 순간 주변 모든 사람들도 당신을 잡일이나 하는 직원으로 대충 볼 것이 분명하다. 잡일을 잡일이 아닌 진정한 'job work'로 만드는 마음가짐과 행동이 필요하다.

기회가 주어진다고 해서 늘 좋은 걸까?

기회는 자질이 있어야 보이고 능력이 있어야 살린다.
먼저 자신의 능력과 강점부터 체크해볼 일이다.

중소기업 인턴들을 대상으로 강의를 하다 보면 무조건 대기업을 선호하는 사람들이 있다. 대기업의 장점을 물어보면 높은 급여로 인한 안정감과 다양한 복지혜택을 제공하며, 많은 것을 배울 수 있다고 말한다. 그럼 그들에게 물어본다.

"대기업은 단점이 없을까요?"

몇몇 교육생들이 대답한다.

"들어가기 힘들고 오래 일하기 힘듭니다."

"타이트한 조직문화요!"

"자기 시간이 많이 없어요."

"일이 무지 많아요."

그럼 내가 말을 한다.

"대기업도 단점이 꽤 많네요. 생각해보면 지금 말한 단점 중에 중소기업에 해당되지 않는 단점들도 있지 않은가요? 그렇다면 대기업이 중소기업보다 무조건 더 좋다고 할 수는 없겠네요."

교육생들은 내 말을 듣고 처음에는 어이없어 하지만 이내 이 말에 공감하듯 웃는다.

중소기업은 대기업과는 다른 장점을 가지고 있다. 대기업은 신입사원이 그 직무의 역할을 해내기까지 2~3년 동안 인재를 키우는 시간이 있다. 그렇다 보니 바로 현장의 경험을 쌓고 싶은 신입사원들은 꽤나 긴 인고의 시간과 준비의 시간을 견뎌야 한다. 여전히 역할이 없는 듯한 조급함이 느껴질 수 있는 것이다. 그러니 빠른 시간 내에 자신의 업무로 현장경험을 쌓기에는 중소기업이 훨씬 유리할 수 있다. 대기업과 비교했을 때 중소기업은 신입사원이라도 성과를 내면 온전히 자신의 능력이 될 수 있다. 또한 대기업보다는 중소기업이 부서 이동이 편하며 회사와 함께 발전하는 표면적인 성취감도 훨씬 클 수 있다. 작은 조직일수록 가족과 같은 친밀감이 들 수도 있고 일이 손에 익는다면 시간의 활용도도 커질 수 있을 것이다.

즉 단순히 대기업이 중소기업보다 무조건 좋다고 볼 수는 없다. 대기업의 단점은 잘 보이지 않는 경우가 많지만 실상 들여다보면 단점 없는 회사가 어디 있겠는가? 그럼에도 불구하고 우리는 단순히 규모만을 바라보며 좋아 보이는 회사와 나빠 보이는 회사로 나누기도 하지 않는가?

우리는 '나'에게 맞는 회사를 알아야 한다. 잘 알지 못하는 회사들을 단순히 규모만을 가지고 작은 회사, 나쁜 회사라고 선입견을 가진다면 입사 이후에도 끊임없는 저울질만 계속할 것이다. 모든 질문의 해답은 '회사'가 아닌 '나'에게서 찾아야 한다.

기회의 무게를 견뎌야
왕관을 쓸 수 있다

최근에 한 대기업 안의 사업부에서 프레젠테이션 강의를 의뢰받았다. 이 프레젠테이션은 다른 강의와는 조금 달랐다. 이 회사는 작년에 전사에 걸쳐 애플리케이션 아이디어 경진대회를 진행했는데 4명이 한 팀이 되어 최종 8팀이 결승을 치르고 그중 1등을 한 팀은 해외연수의 특전을 얻을 수 있었다. 얼마나 영광스러운 일인가? 모두가 부러워했을 것이다. 그런데 이 애플리케이션 아이디어 경진대회를 올해는 신입사원을 대상으로 진행하게 된 것이다.

이 회사는 그 규모만큼 꽤 길게 신입사원 연수과정을 거치는데, 한 계열사는 해외연수까지 합쳐 1년간 신입사원 교육을 진행한다고 한다. 이번 신입사원도 8개월에 걸쳐 신입사원 교육과정을 마쳤고, 부서에 배치된 지 석 달 정도 된 신입사원들에게 이 애플리케이션 아이디어 경진대회에 참가할 기회를 준 것이다. 8개 팀이 결승에 올랐고 그중 2팀이 한 사업부에서 나왔다.

만약 당신이 그 사업부의 수장이라고 생각해보자. 이 경진대회를 보며 무슨 생각을 하겠는가? 당연히 우리 사업부의 신입사원팀이 1등을 하길 바라지 않겠는가? 가장 잘나가는 사업부이니만큼 능력 있는 신입사원들의 패기와 창의력을 보여주고 싶지 않겠는가? 경쟁 프레젠테이션은 큰 무대에서 진행될 것이고, 프레젠테이션이라는 것은 아이디어와 함께 발표자의 멋진 프레젠테이션 능력이 있어야만 가능한 것이다. 그러니 이 사업부의 수장은 2팀에게 프레젠테이션 교육을 하는 것이 마땅하다고 생각했던 것이다. 어찌 보면 나는 그들의 과외선생님이 된 셈이었다.

강의장에 갔을 때 한 팀당 4명, 모두 8명이 앉아 있었고 실제 발표자는 2명이었다. 그들의 얼굴은 이미 흙빛이었다. 조금 설명을 붙이자면, 일단 그 경진대회는 본사 강당에서 치르지만 전국에서 그 8팀의 응원단들이 회사 대형버스를 타고 당일에 올라올 예정이었다. 1팀당 응원단의 수가 대략 100여 명이 된다고 하니 이들은 거의 1천 명 앞에서 프레젠테이션을 하는 것이다. 응원단 100여 명의 기대를 어깨에 짊어지고 천여 명 앞에서 발표한다는 것, 그것도 임원 앞에서 신입사원이 자신의 아이디어를 발표한다는 것, 그 부담감이 얼마나 크겠는가?

그러다 보니 강의장에 들어서는 순간 그 2팀의 발표자가 누구인지 한눈에 알아볼 수 있을 만큼 얼굴이 어두웠다. 아무리 대범하고 발표를 잘하는 신입사원이라 하더라도 떨릴 수밖에 없는 무대다. 설상가상으로 그들은 강의를 듣기 바로 전 점심시간에 자신이 속한 사업부의 수장과 식사를 같이 했다. 밥은 분명 코로 들어갔을 것이다. 짐작컨대 이 사업부의 수장은 멋지게 미소 지으며 발표자들의 어깨를 두드리면서 이렇게 말했을 것이다.

"잘할 수 있지?"

나의 강점이 무엇인지를
알아내야 한다

생각해보자. 1등을 하는 것이 마냥 좋기만 한 일일까? 물론 그 당시에는 더할 나위 없이 좋을 것이다. 그 순간의 기쁨은 평생 갈 수도 있고 그 순간의 영광이 1년 넘게 자신을 행복하게 할 수도 있다. 그러나 동시에 이제 어떤 프레젠테이션 기회가 와도 발표는 1등 우승자의 몫이 될 것이다. 이런 일이 또 일어날 수 있는 가능성이 다른 동료보다 훨씬 많을 수 있고, '프레젠테이션 1등 했던 그 친구!'로 불리며 수많은 발표에서 발표자로 지목당할 수 있다. 그 칭찬이 꼬리표가 되어 앞으로의 프레젠테이션은 즐기는 것이 아닌 귀찮은 것이 될 수도 있을 것이다.

그럼 2등을 하면 어떨까? 긍정적으로 생각하면 이 또한 정말 잘해낸 성적이지만 '내가 조금만 더 발표를 잘했더라면…. 아이디어는 우리 팀이 더 좋았는데.' 하는 아쉬움이 '프레젠테이션'이라는 단어를 볼 때마다 생각나 자신을 괴롭힐 수도 있을 것이다.

그럼 그날 프레젠테이션에서의 8등은? 8등이라고 해봐야 전사팀 중에서 8등인데도 그 발표자는 마치 전체 꼴찌가 된 것처럼, 그래서 자신이 가장 바보가 된 것인 양 느낄 수 있다. 발표의 경험이 추억이 아닌 트라우마로 남을 수도 있는 것이다.

대기업에서의 기회는 소박하게 올 수도 있지만 이렇게 엄청난 부담감을 동반한 채 올 수도 있다. 기회를 잡으면 자신의 존재감을 확실히 드러낼 수 있겠지만 그 존재감이 또 다른 부담으로 느껴질 수도 있다. 반면 기회를 잡지 못하면 존재감은커녕 주변인에게는 금방 잊히겠지만, 이 또한 스스로에게 최악의 순간으로 남을 수 있다. 어떻게 보면 잡아도 문제, 안 잡아도 문제인 진퇴양난처럼 느껴진다.

큰 회사일수록 끊임없이 본인의 존재감에 대한 고민과 그에 대한 책임감을 느끼라고 그 많은 돈을 주는 것이 아닌가 생각한다. 많은 것을 지원해주고 보호해주는 만큼 자신의 능력이 한계에 부딪히는 순간도 그만큼 자주 만나게 해주는 것이다. 또한 상사와의 잦은 술자리, 타이트한 조직문화에서 느끼는 소외감, 큰 회사 안에서 하나의 부품처럼 느껴지는 자신의 존재감에 대한 고민 등 이 모든 것들이 꽤 많아 보이는 월급 안에 포함되어 있는 것이 아니겠는가?

중요한 것은 대기업과 중소기업이라는 일반적인 분류가 아니라 자신에게 맞는 회사는 어떤 회사인지를 먼저 생각하는 것이다. 회사에 초점을 둘 것이 아니라 나에게 초점을 두는 것이 중요하다.

내가 무엇을 원하는지, 내가 무엇을 잘하는지, 그리고 나의 강점은 무엇인지를 먼저 생각해야 한다. 냉철하게 자신을 들여다보며 나는 어떤 조직에서 내 강점을 드러낼 수 있을지 고민해야 한다. 회사들을 내 기준으로 나누고 분석하기 전에 조직생활을 하는 데 있어서 내게 긍정적인 에너지원은 무엇인지 시간을 두고 깊게 생각해볼 필요가 있다.

만약 우리가 이런 고민을 깊게 하고서 회사에 들어갈 수만 있다면 힘든 상대를 만나거나 말도 안 되는 상황에 부딪혔을 때 조금은 불평불만을 덜 하지 않겠는가? 내가 선택했고 선택은 끝났으니 그 안에서 최선을 다하겠다고 다짐할 수 있지 않을까?

그러니 대기업과 중소기업으로, 좋아 보이는 회사와 나빠 보이는 회사로 선택의 폭을 좁히지 말자. 나에게 맞는 회사와 그렇지 못한 회사, 나의 강점을 살릴 기회가 많은 회사와 그렇지 못한 회사가 있을 뿐이다. 언제나 문제는 내 안에서 시작된다. 선택도, 선택에 대한 결과의 책임도 스스로 져야 후회가 없다.

어떤 회사에서 무슨 일을 하는지도 중요하지만, 취업한 이후에는 자신에게 찾아온 기회를 어떻게 잡느냐가 훨씬 더 중요하다. 기회는 누구에게나 열려 있지만 모두가 그 기회를 잡을 수 있는 것은 아니기 때문이다.

큰 회사일수록 기회는 크게 찾아올 수도 있지만 대개 느리고 더디게 찾아오기 마련이며, 막상 찾아온 기회의 무게를 감당할 수도 있어야 한다. 작은 회사에서 기회는 빨리 찾아올 수 있으나 한 번의 성공으로는 큰 의미를 가지지 못할 때도 있다.

내가 가보지 않은 길에 대한 미련은 내가 가고 있는 길에 대한 불확신으로 이어진다. 그러다 보면 자신에게 찾아온 좋은 기회도 제대로 보이지 않는다. 어떤 곳에서든 기회라고 느껴지는 일을 할 때는 그 일이 무엇이든 최선을 다하자. 그런 기회의 경험들이 쌓여 하나의 커리어가 완성되는 것이다.

만약 이미 자신의 길에 들어선 신입사원이라면 지금 걷고 있는 그 길에 집중하자. 그래야 크고 작은 기회들을 포착해 성공으로 이끌 수 있으며, 더 높고 더 넓은 세상을 경험해볼 또 다른 기회가 보일 것이다. 남의 떡이 더 커 보인다고 지금 이곳이 아닌 창밖 다른 곳에서 꿈을 찾다 보면 '현재'의 기회를 놓칠 수도 있다.

내 자리가 생긴 후
가장 먼저 할 일

너무 빨리 잘하려고 하지 말자.
급하게 서두르다 보면 오히려 일을 망쳐버린다.

예전에 웹툰으로 시작해서 드라마까지 많은 이들의 사랑을 받은 〈미생〉이라는 작품이 있었다. 이 작품이 인기를 끈 이유는 직장인들의 삶을 드라마치고는 실감나게 그려냈기 때문일 것이다. 직장이 얼마나 치열한 곳인지, 우리 시대의 직장인들은, 아버지들과 어머니들은 어떻게 직장생활을 하고 있는지를 알게 해주는 데 나름의 역할을 해냈다고 생각한다.

물론 이야기의 주 무대가 종합상사이기에 좀 더 드라마틱하고 치열하게 그려졌을 수는 있다. 하지만 늘 서랍 속에 '사직서' 한 장을 넣어두고 울컥할 때마다 그 서랍을 열어보는 주인공의 행동은 모두가 공감할 수밖에 없는 이 시대의 직장인의 모습이었다. 특히 드라마의 주인공이 신입사원이었다는 점에서 아직 보지 못한 이들은 꼭 한번 보라고 추천하고 싶다. 직장에서의 모든 순간이 전쟁터 같진 않을지라도 신입사원의 마음가짐은 그전까지와는 달라야 한다. 아직은 고군분투해야 할 미생未生이니까.

일을 나누는 기준은 무엇인가?

〈미생〉의 등장인물 중에 장백기라는 인물이 있다. 서울대학교를 나왔고 나름 스스로 능력이 있다고 생각하는, 굉장히 자부심이 강한 인물이다. 그리고 원작에서는 그렇게까지 묘사되어 있지 않지만 드라마에서는 자신의 능력을 빨리 인정받고 싶어서 안달이 난 신입사원이다. 겉으로 티를 많이 내지는 않지만 고졸 출신에 일을 먼저 시작한 주인공 장그래를 무시하기도 하고 질투하기도 하며 부러워하기도 한다. 그의 그런 행동들이 드라마에서는 기회주의자처럼 그려진다.

신입사원 시험을 거쳐 부서 배치를 받았으나 바로 위의 사수는 장백기에게 일을 주지 않는다. 여기서 일이라 함은 장백기가 느끼기에 적합한 '일'을 의미한다. 엑셀이나 워드 등 장백기가 보기에는 잡업이라고밖에 느껴지지 않는 일을 끊임없이 시키니 자존심에 금이 가는 것은 당연할지도 모른다.

장백기는 사수가 자기를 무시하고 싫어한다고 생각한다. 결국 폭발한 장백기는 끊임없이 잡무나 다름 없는 일만 시키는 사수에게 자기를 왜 그렇게 싫어하냐고, 자기에게 왜 이러는 거냐고 묻는다. 흥분한 장백기에게 사수는 이렇게 말한다.

"나가겠다는 생각이라면 말리진 않겠습니다. 철강은 보수적인 사업입니다. 장기간에 걸쳐서 한 가지 아이템이 조금씩 사업시장에 맞게 변형되죠. 그렇기 때문에 우리 팀원은 당장에 화려한 언변이나 초장에 능한 사람보다 멀리까지 묵직하게 끌고 나갈 수 있는, 기본기를 갖춘 사람이어야 합니다."

이 말을 들은 장백기가 기본기라면 그동안 충분히 쌓아왔다며 그저 감정적으로 자기를 싫어하는 것이 아니냐고 화를 낸다. 그러자 사수는 장백기에게 팀에 배치받고서 가장 먼저 한 일이 무엇인지를 물어본다. 팀과 관련해서 봐야 할 파일이 잔뜩 있는데도 장백기는 새로운 사업보고서를 먼저 만들었던 것이다.

"스스로를 드러내고 돋보이고 싶은 욕심이 앞서면 조급해지는 법이죠."

물론 이런 말을 들은 장백기는 화가 났을 것이다. 중요한 것이라면 처음부터 말해줬으면 좋았을 텐데 사수는 말해주지 않았으니 말이다. 그런데 사수의 말에 의하면, 잘못을 고칠 기회는 줬는데도 장백기가 눈치채지 못한 것이라 하니 장백기 입장에서는 정말 답답한 노릇이었을 것이다.

신입사원의 입장에서야 교육이 끝났는데 왜 다시 잡업을 훈련받아야 하는지 답답했을 테고, 테스트를 하는 거였다면 진작 말을 해주면 미움이라도 받지 않았을 테니 억울했을 것이다. 그런데 안타깝게도 조직은, 사회는 학교나 학원이 아니다. 물어보면 알려줄 수는 있어도 스스로 알아내야 하는 일들이 더 많다.

어느 조직이든지 분명 잡업이라는 것이 존재할 수밖에 없다. 하지만 신입사원에게는 잡업도 하찮은 일이 될 수는 없다. 잡무 또한 일의 시작이며 그런 잡업에 익숙해지고 점점 시간이 단축될 때쯤에야 본업이 시작되기 때문이다.

상사는 A부터 Z까지
친절하게 알려주지 않는다

많은 사람이 "신입사원의 패기로 이런 일을 하고 싶은데 상사가 그걸 할 수 있도록 밀어주지 않는다."라고 말한다. 즉 조직이 그걸 못 하게 한다는 것이다. 그렇다면 예를 들어 어떤 직원이 상사에게 가서 "나는 이러이러한 완전히 새로운 일을 시도해보려고 합니다. 만약 성공하면 포상은 제가 받고, 일이 잘못되면 그것은 당신의 책임입니다."라고 했다고 치자. 어떤 조직이 이를 기꺼이 밀어주겠는가?

드러나는 일을 한다는 건 그만큼 책임지는 일을 해야 한다는 것이다.

실무를 하면서 배우는 것들이 있을 것이다. 그러나 그런 실무가 온전히 자기 것이 되려면 다져야 하는 기본기가 있다. 그리고 그 기본기는 회사의 기본적인 것들을 익히는 것에서부터 시작한다.

장백기의 사수인 대리는 장백기에게 기회를 얼마든지 주었으며, 다른 부서는 어떤지 모르겠지만 이것이 자기 스타일이라고 말한다. 이 장면을 보며 우리는 고민해봐야 한다. 책상을 가진 후 자신이 무엇부터 시작해야 하는지를 말이다.

익혀야 할 업무에 대해 A부터 Z까지를 친절하게 알려주는 상사는 드물다. 그저 신입사원이 회사에 스스로 빨리 적응하길 바라며 같은 팀원으로서 성공뿐 아니라 실패까지도 책임질 수 있는 마음의 자세를 갖추길 기다릴 뿐이다. 아마 이것이 진정한 조직원이 되길 바라는 테스트가 아닌가 싶다.

그러니 무엇을 할 수 있을지, 무엇을 하면 돋보일지에 대한 섣부른 마음은 잠시 접어두자. 이 회사의 스타일은 무엇인지, 상사는 어떤 유형인지, 우리 부서의 문서 서식은 어떠한지를 먼저 살펴야 한다. 또 내 컴퓨터에는 무엇을 담아야 하고 내 책상 캐비닛에는 무엇이 담겨 있는지 먼저 살펴봐야 한다. 문서를 꼼꼼히 살피며 단락 사이에서 보이는 조직을 느끼고, 행간 사이에서 보이는 조직원으로서의 마음가짐을 먼저 살펴볼 일이다. 상사가 일을 주지 않는 것이 아니다. 단지 우리가 신입사원으로서 해야 할 일을 찾지 못하고 있을 뿐이다.

"불환인지불기지不患人之不己知 환기불능야患其不能也"

『논어』에 나오는 말이다. 남이 나를 알아주지 않는다고 걱정하지 말고, 내가 능력이 없음을 걱정하라는 뜻이다. 실력이 있다면 언젠가는 인정받을 수 있다. 기회가 오지 않는다고 투덜대지 말자. 기회를 조급하게 기다리지도 말자. 욕심이 크고 마음이 급하면 실수가 따르는 법이다. 그저 진정한 기회가 왔을 때 멋지게 해낼 수 있는 능력과 자세를 갖추기 바란다. 시간을 쪼개서 오피스 관련 능력을 키우는 것도 좋고, 사무실 전체를 보면서 동료들을 관찰해도 좋다.

책상 주변을 깔끔하게 정리해두는 것도 좋고 이왕이면 컴퓨터 파일도 정리해두면 좋다. 서류의 형태를 미리 살펴보고 자주 전화해야 하는 부서들을 눈에 익히는 것도 중요하다. 일의 프로세스를 눈으로 익히고 머리로 이해하고 손으로 단련한다면 조급해 하지 않아도 된다.

시간을 두고 신입사원으로서 살펴볼 수 있는 모든 것들을 미리미리 찾아서 알아둔다면 조바심 내는 시간은 자연스럽게 줄어들 것이다. 기회는 불쑥 예상치도 못하는 순간에 찾아올 것이니 정신 바짝 차리고 책상 앞에 앉아 있기를!

사람 좋은 멘토보다
강적을 먼저 만나야 하는 이유

누군가 나에게 '지적'을 하는 것은 관심의 표현이다.
'지적'도 아무나 할 수 있는 일이 아니다.

예전에 다니던 회사에 굉장히 감각적인 눈을 가진 상사 한 분이 계셨다. 용모나 복장 등 직원들이 보여주는 시각적인 것들에 굉장히 예민한 촉을 가진 분이었다. 여자 직원들의 헤어스타일 변화 정도는 한눈에 알아보기도 하고, 직원들의 옷차림을 과감하게 지적하기도 하는 팀장님이셨다. 좋게 말하면 감각이 뛰어나고 직원들에게 애정도 많은 분이셨지만, 어떤 직원들은 그분의 관심을 지적으로 받아들이기도 했고 그분의 감각을 스트레스로 느끼기도 했다.

"어? 구두 뒷굽 훅 파였어. 여자는 그런 걸 잘 봐야 하는 거야."

"그 넥타이 색깔이 안 어울린다. 지난번에 밝은 거 하니까 좋더만."

"넌 이마가 보여야 예뻐. 앞머리는 별로야."

"어, 못 보던 가방인데?"

그분과 관련된 대화에서의 이런 일화는 수없이 많다. 게다가 상사는 본인의 별명인 '베어bear'를 이메일 아이디로 사용할 정도로 산만 한 덩치를 자랑하는 분이었기에 가끔 그분의 패션 지적은 어울리지 않는다 싶어 폭소를 자아내기도 했다.

처음엔 나도 그분의 지적이 몹시 불편했다. 평소 패션에 관심이 별로 없었을뿐더러, 많지 않은 월급으로 월세까지 내야 하다 보니 저축하기도 빠듯한 자취생 직장인이었다. 그런 나에게 헤어스타일 지적이나 복장에 관한 관심이 조금은 사치스럽게 여겨졌다. 게다가 지적을 받을 때마다 뭔가를 더 사야만 할 것 같아 꽤나 부담스럽기까지 했다. 그런데 그런 지적을 석 달 정도 듣다 보니 생각이 조금씩 바뀌어갔다.

관심과 무관심,
지나고 나면 큰 차이

어느 날부터인가 출근하기 전에 머리에서 발끝까지 거울로 나의 모습을 점검하는 것이 자연스러워졌다. 또 사무실에 들어가기 직전에도 화장실에 가서 혹시 어깨에 머리카락이라도 떨어져 있지 않나 살펴보게 되었다. 백화점에 갈 때면 화장품 코너 직원에게 나에게 맞는 아이섀도 색깔도 물어보고, 패션 관련 잡지를 보면서 센스 있게 옷을 입는 법도 찾아보았다. 많은 상사와 함께 회의를 하는 날은 좀 더 긴장해서 정장을 챙겨 입고, 어쩌다 팀장님과 함께 엘리베이터라도 타면 꼿꼿한 자세로 서있게 되는 나를 발견하게 되었다. 구두 뒤꿈치에 흙이라도 묻어 있는 것은 아닌가 몰래 아래를 쳐다보면서….

게다가 어느 때부터인가는 그분이 관심을 보이지 않으면 마치 사랑받지 못하는 직원처럼 느껴지기도 했다. 일전에 지적을 받지 않으면 오히려 서운하다던 동료의 말이 무슨 의미인지도 알게 되었다. 그러면서 그 팀장님이 내게 별 말씀이 없으시면 슬쩍 허전하기까지 했다. 물론 그분이 신랄한 지적도 많이 하긴 했지만, 칭찬할 것이 생기면 많은 사람들 앞에서 주저하지 않고 칭찬해주시는 경우도 많았기 때문에 더욱 그러했던 것 같다.

그러다 보니 그 상사에게 지적 한 번 안 받은 직원은 관심 밖의 직원이거나 팀장님이 아끼지 않는 직원처럼 여겨졌다. 그분의 지적은 처음에는 부담스러웠지만 나중에는 애정같이 느껴지는, 정말 특별한 경험이었다. 결국 지적이라고 느꼈던 것은 내가 부족했기 때문일 수 있다. 상사의 지적을 감정이 아닌 이성으로 받아들이는 것은 자신의 몫이다. 지적을 받아들이는 순간 상사의 지적은 코칭coaching이 될 수도 있다. 결코 쉽지 않지만, 이것이 바로 이성과 감성을 구분할 수 있는 핵심인재의 능력이 아니겠는가!

아무런 지적도
해주지 않는 상사

깐깐한 상사는 사회초년생 때 만나는 것이 훨씬 낫다. 점점 더 좋은 회사로 이직할 생각이라면 깐깐한 상사는 더욱더 신입사원 때 만나는 것이 좋다. 좋은 회사로 갈수록 더 강력한 적들이 나타나게 될 것이다. 꼭 돈을 많이 준다고 해서 좋은 회사라고 할 수는 없다. 하지만 일반적으로 월급을 많이 주는 회사일수록 더욱더 깐깐하고 힘든 상사를 만날 확률이 높다.

보고를 하면 아무런 지적도 하지 않으면서 계속 다시 해오라는 상사가 있고, 무엇이 문제인지를 알려주는 상사가 있다. 또 무엇이 문제이니 이렇게 고치면 좋겠다고 알려주기까지 하는 훌륭한 상사도 있다. 당신이 원하는 상사는 분명 첫 번째보다는 세 번째 유형이겠지만, 아쉽게도 이런 상사를 항상 만날 수 있는 것은 아니다.

무엇이 문제인지를 알려주면서 이런저런 잔소리로 당신을 힘들게 만든다 하더라도 첫 번째 상사보다는 두 번째 상사가 당신의 발전을 위해 더 좋다. 또한 무슨 보고를 하더라도 무조건 좋다고 하는 상사보다는 지적해주는 상사가 훨씬 더 좋다. 무조건 좋다고 하는 상사가 당신의 발전에 도움이 될 일은 그리 많지 않다. 게다가 그런 상사는 당신의 제안으로 이루어진 일이 좋은 결과를 내지 않았을 때 당신에게 많은 책임을 전가할 수도 있다.

상사들의 지적은 결국 코칭이다. 코칭받을 때는 투덜거리기보다는 자존심을 잠깐 내려놓는 것이 낫지 않겠는가? 자신을 힘들게 하는 자존심은 내려놓고 상사의 지적을 제대로 받아들일 수 있다면 바닥을 치던 자존심은 서서히 제자리를 찾아갈 것이다. 그 지적들은 결국 본인의 실력으로 쌓이게 되니 말이다.

나중에 정말로 실력을 인정받아야 하는 그날이 오기 전에, 그 어떤 순간도 실수라는 것이 용납되지 않는 자리까지 오르기 전에 매일 자신을 긴장시키고 훈련시켜줄 상사를 만난다는 것을 행운이라고 생각해보면 어떨까? 상사의 비판을 자신만을 위한 코칭이라고 생각해보라면 무리일까?

만약 상사 중 누군가를 떠올리며 한숨이 절로 나온다면 '그래! 응해주겠어. 이 산만 넘으면 평지가 있을 거야!'라고 생각하자. 너무 모범 답안이라 식상한가?

그때 그 팀장님의 관심과 지적이 없었더라면 나는 단연코 겉으로 드러나는 나의 이미지 같은 건 지금까지도 딱히 고민해보지 않았을 것이다. 또한 남성들의 시선이 때론 여성들의 시선보다 감각적이라는 사실도 인식하지 못했을 것이며, 그런 예민한 상사들은 머리에서 발끝까지 훑어보는 데 0.1초도 걸리지 않는다는 연구결과도 발견하지 못했을 것이다. 그러니 좋은 상사를 만나는 것도 행운이지만 자신을 힘들게 하는 상사를 만나는 것도 딱 그만큼의 행운일 수 있다.

좋은 상사를 만나 조금은 여유 있는 회사생활을 하는 것도 좋지만 좀 더 어릴 때, 좀 더 체력이 짱짱할 때 깐깐한 상사를 만나 스스로를 하드 트레이닝시킬 수 있다면 이 또한 멋진 일일 것이다. 더 세고 강한 적이 아닌 더 세고 강한 트레이너를 만날수록 우리의 몸은 더욱더 근육으로 단련될 것이고, 뇌에도 그만큼의 근육이 지혜로 만들어질 것이다.

강적을 만나 이룬 모든 결과들이 손끝 발끝에 굳은살로 남아 훗날 더 독한 상사나 힘든 상대를 만나도 잘 견딜 수 있는 힘이 되어줄 것이다. 가끔은 승리의 희열도 느끼면서 트레이너에 대한 고마운 마음이 들기도 할 것이다. 강한 상대를 만날수록 노력하게 되고 노력하는 만큼 강해진다.

당신을 빛나게 하는 커뮤니케이션

태도는 습관이고 습관은 잘 바뀌지 않으며
안타깝게도 사람들이 보는 눈은 비슷하다.

한 회사의 신입사원 교육과정을 진행할 때 연수 첫날 강의를 맡은 적이 있다. 첫날이다 보니 '아이스브레이킹'으로 밝은 분위기를 만들고, 가장 중요한 애티튜드attitude를 전달하는 동시에 보고 스킬까지 맡아야 하는 다소 어렵고 힘든 교육이었다. 1박 2일로 진행해도 모자랄 판에 그 모든 걸 6시간 정도에 끝내달라고 하니 강사의 입장에서 매우 부담스럽고 불편한 강의였다. 시간이 너무 많이 남아 지루하고 긴장감 없는 강의도 문제지만 시간이 촉박하면 중요한 것을 명확하게 전달하기 어렵다.

강의 당일 나는 먼저 첫 시간을 교육생들끼리 친해지는 시간으로 선택하고 두 번째, 세 번째 시간에는 기본적인 커뮤니케이션을, 그리고 나머지 3시간은 주제에 맞게 보고를 해보는 실습의 시간으로 진행해야겠다고 나름의 강의 계획을 짰다.

그런데 강의장에 도착했을 때 나는 모든 계획을 수정해야만 했다. 돈을 받고 일을 하는 직장인의 개념이 무엇인지 모르는, 그저 취직을 했다는 것만으로 날아갈 듯이 기쁜 신입사원 40여 명을 만난 것이다. 순간 이들에게 잊지 못할 시간을 만들어주는 것이 더 큰 효과가 있을 것이라는 생각이 들었다.

강의장 뒤에 카메라 한 대가 설치되어 있었는데, 회사 측에서 이번 해의 신입사원 교육과정을 찍으려고 세워둔 것이었다. 교육 담당자가 다가오더니 강의 PPT는 찍지 않을 테니 강의 내용을 카메라에 담는 것을 이해해달라고 했다.

"그럼 1시간 동안 교육생들의 모습을 제가 찍으면 어떨까요? 현재의 자신을 정확히 바라보는 것도 좋을 것 같아서요. 스스로를 모니터링할 수 있는 기회를 주고 싶어요."

빛나는 커뮤니케이션은 분명 따로 있다

신입사원 교육 첫 시간. 모두가 조금은 어색하고, 어리둥절하고, 무엇을 해야 할지 모르는 그 시간에 나는 각 교육생들을 몇 개의 팀으로 나누었다. 그리고 팀별로 팀명과 구호 만들기, 서로 칭찬하기 등 꽤 많은 활동을 진행했다. 그들이 주어진 활동을 수행하는 동안 나는 그들의 모습을 카메라에 담았다.

물론 그들은 저렇게 찍은 영상은 교육 마지막 날쯤 음악과 함께 편집해서 본인들에게 보여줄 거라고 생각했을 것이다. 하지만 실제로 나는 그 동영상을 바로 다음 강의시간에 '커뮤니케이션'이라고 쓰여진 PPT 한 장을 만들어서 큰 프로젝터 화면에 연결해 그들에게 보여주었다. 1시간 동안의 자신의 모습을 부담스러울 만큼 큰 화면으로, 게다가 혼자가 아닌 이제 함께 일할 동료들과 같이 지켜보게 되니 얼마나 당황스러웠을까?

그중에는 자신의 모습이 어색해 자꾸만 웃는 친구도 있었고, 자신이 아무 생각 없이 한 행동을 본인이 봐도 어이가 없는지 고개를 숙이는 친구도 있었다. 하지만 확실한 것은 그 화면만으로 교육생들은 서로에 대해 많은 것을 알게 된 것은 물론 본인이 몰랐던 자신의 모습을 발견하게 되었다는 것이다.

아무런 이유 없이 볼펜을 딱딱거리고 있던 모습, 모두 적극적으로 대화에 참여해서 회의를 하고 있는데 그저 눈치만 살피고 있던 모습, 누군가가 말을 하려는데 자꾸만 그 기회를 뺏고 자신의 말만 하고 있는 모습, 누군가가 발표할 때 얼음보다도 차가운 표정으로 보고 있던 모습, 이유 없이 어딘가를 째려보고 있던 모습 등 무심코 했던 모든 모습이 영상 속에 담겨 있었다.

이 모든 것이 바로 커뮤니케이션 스타일이다. 놀라운 건 이렇게 다양한 커뮤니케이션 스타일을 가진 교육생들 속에 그 누가 봐도 환하게 빛나고 있는, 그래서 화면을 가득 채우고 있는 신입사원을 만났다. 초면이지만 웃는 얼굴로 인사를 건네고, 조장이 정해져 있지 않은 상황에서 조원들이 사용할 필기도구가 없자 담당자에게 얼른 달려가 볼펜을 요청했다. 회의 내용을 자신의 공책에 일일이 메모하며, 누군가가 의견을 내면 좋은 의견이라며 박수를 치며 웃는다. 같은 조원들의 동의를 구하고 서기를 자청하는가 하면, 대부분 화장실을 가거나 쉬고 있을 때 주변을 정리하고 같은 조의 결과물에 실수가 없는지 살펴본다. 그러고는 쉬다가 돌아온 조원들에게 웃으며 이렇게 말한다.

"우리 팀이 제일 잘한 것 같아요."

혹여 이 글을 읽으며 '뒤에 있는 교육 담당자에게 잘 보이려고 그런 거겠지.', '신입사원들은 다 그렇게 적극적이지 않나?', '그 친구의 성격이 원래 밝은가 보네.'라는 생각을 했다면 당신은 절대 프로젝터 화면을 꽉 채우는 빛나는 신입사원이 될 수 없을 것이다. 태도는 습관이고 습관은 잘 바뀌지 않으며 사람들이 보는 눈은 비슷하다.

모두에게 중요한 시간, 신입사원 교육 1일 차의 첫 시간, 시키지 않아도 모든 걸 다 할 수 있을 것 같은 열정이 하늘을 찌르는 그 시간이 중요하지 않은 사람이 어디 있겠는가? 그러나 누군가는 빛나는 커뮤니케이션 스타일을, 누군가는 어둡고 칙칙한 커뮤니케이션 스타일을 보여주고 있었다. 제대로 된 커뮤니케이션이라는 것은 누가 하라고 해서 되는 것

이 아니다. 따라서 이 모든 것은 자신의 실제 커뮤니케이션 스타일이라
고 말할 수 있다.

당신이 회의시간에
짓는 표정은 어떤가?

그날 그렇게 비디오 영상으로 본인의 모습을 본 신입사원들이 남은 교
육 시간에 어떻게 임했는지는 설명하지 않아도 짐작할 수 있을 것이다.
그리고 그렇게 빛나던 친구 중 한 명은 얼마 후 인사과 직원으로 발탁되
었다. 교육 담당자의 눈에 띄었다기보다는 '인사人事가 만사萬事'이기 때
문이 아니겠는가? 꽤 많은 회사에서 인사과의 신입사원이 동기들 중 최
초의 승진자가 된다는 것은 '빛나는 커뮤니케이션'의 자연스러운 결과다.
　조직에서 기회라고 하는 것은 예기치 못하게 왔다가 눈치채지 못할
만큼 빠른 속도로 지나가서 그것이 기회인지 아닌지도 모를 때가 많다.
생각해보면 그날 신입사원들의 모습을 나와 신입사원들만 본 것은 아닐
것이다. 동영상으로 촬영한 것이니 교육 담당자가 보았을 수도 있고 더
높은 위치의 상사가 보았을 수도 있다. 그러나 상사 누군가가 보았다는
것보다 더 중요한 것은 그렇게 화면에서 자신과 동료들의 모습을 보고,
거기에서 빛나는 동료들을 자신들이 직접 확인했다는 것이다. 내가 세
상과 소통하는 커뮤니케이션 방법이 어떠한지, 내가 이 회사에서 동료

들과 끊임없이 이루어야 하는 커뮤니케이션 스타일이 어떤 것인지를 진정으로 고민해본 시간이 되지 않았을까?

결국 커뮤니케이션 스타일은 회의를 할 때도 말을 하지 않을 때도 모두에게 전달되는 중요한 태도다. 여러분도 어둡고 칙칙한 커뮤니케이터이기보다 작은 사무실 한 개쯤은 충분히 밝게 채울 수 있는 빛나는 커뮤니케이터가 되어야 할 것이다.

말을 잘한다고 해서 빛나는 커뮤니케이션을 이룰 수 있는 것이 아니다. 상대의 말을 빛나는 눈동자로 듣고 있느냐가 훨씬 더 중요하다. 회의할 때 책상에 남들보다 살짝 더 당겨 앉은 당신의 의자가, 살짝 더 앞쪽으로 전진해 있는 당신의 어깨가, 아주 살짝 상대에게 느껴질 만큼의 입꼬리를 올린 당신의 표정이 빛나는 당신을 대신한다. 대부분의 직장 동료들은 작은 빛도 금세 눈치챈다. 빛을 내는 사람이 드문 사무실이기에 사람들은 빛나는 당신과 대화하고 회의하고 일하고 싶어 할 것이다. 당신이 그런 느낌을 누군가에게서 느끼는 것처럼 말이다.

인사, 쉽지만
제대로 하긴 어렵다

인사를 제대로 할 줄 안다면 기본 점수 60점 정도는 쉽게 딴다.
그런데 열심히 하는데도 잘 안 되는 게 바로 인사다.

한 번 만난 것이 전부지만 어렴풋이 얼굴이 기억나는 신입사원이 있다
(이렇게 말하니 교육을 들을 많은 분들이 내가 본인의 얼굴을 기억할까 봐 걱정
할지도 모르겠다). 교육을 의뢰한 그 회사는 대기업이다 보니 신입사원의
수가 많아 교육생들을 여러 반으로 나누어 교육을 진행했다. 8개의 반
을 돌아다니며 같은 내용의 강의를 하다 보면 누가 누구인지 헷갈릴 때
도 많다. 특히 남성의 경우 대부분 검은색 정장을 입고 있다 보니 점심
시간에 식당에서 그들을 보면 그냥 다 같은 교육생일 뿐, 기억나는 얼굴
이나 인상이 남는 사람은 거의 없기 마련이다.

이름보다는 얼굴이 기억나는 이 신입사원은 1반에 속해 있던 그 반

의 반장이었다. 교육을 받는 내내 한 번도 졸지 않았던 그는 키는 아담하지만 몸에서 풍겨나는 긍정의 에너지가 컸다. 그래서 강의가 끝난 이후에도 그의 긍정적이고 적극적이었던 모습이 기억에 남았다.

다음 날 2반의 교육을 오전에 끝낸 후 연수원 식당에 점심을 먹으러 갔을 때였다. 강의장이 아닌 곳에서 마주치면 강사나 교육생이나 모두 이상하리 만큼 멋쩍다. 식판을 든 채 살짝 고개를 숙이고 걸어가고 있는데, 1반 반장이 멀리서 나를 알아보고는 다가와서 인사를 꾸벅하는 것이다.

"강사님, 안녕하세요?"

"네, 안녕하세요."

꽤 오래 강의를 하고 있지만 식당에서 인사를 받으면 왜 이리 부끄럽고 눈빛이 마주치면 왜 그리 당황스러운지 모르겠다. 그래도 나를 알아봐주고 인사해주는 그 성의가 마냥 고마울 뿐이었다.

셋째 날 3반을 교육할 때도, 그다음 날 4반을 교육할 때도 어김없이 식당에서 마주치면 1반 반장은 내게 90도 각도로 허리를 숙이며 인사를 했다. 그러나 그가 내게 단순히 인사를 많이 했기 때문에 그를 기억하는 것이 아니다. 나를 기억하고 인사를 하던 그는 나에게만 그렇게 행동한 게 아니라는 것을 발견했기 때문이다.

밥을 먹으며 그의 모습을 보니 그는 다른 모든 이들에게도 그렇게 인사를 건네고 있었다. 물론 신입사원 교육 때는 연수원 안에서 만나는 모든 사람들에게 인사를 하는 것이 좋다. 부서는 다를 수 있지만 같은 회사에서 일하게 될 동료들이기 때문이다. 하지만 강사에게도 인사를 하고 식당 아주머니들에게도 잘 먹었다며 인사말을 건네는 것은 굉장한 내공이 있어야 가능한 일이다. 그리고 그 내공은 바로 평소의 마음가짐에서 나오는 것이다.

6초 안에도 누군가에게 '비호감'이 될 수 있다

반대의 이유로 아직도 기억에 남는 교육생도 있다. 그녀는 위의 직원과 같은 회사, 같은 기수의 신입사원이었으나 반이 달랐다. 강의장 한복판 맨 뒤에 앉아 팔짱을 끼고, 고개를 모로 누인 채 강의를 듣고 있던 그녀는 참 강한 인상으로 내게 남아 있다.

표면적으로 그녀는 열심히 듣는 교육생이며 강의시간 내내 단 한순간도 졸았던 적이 없고, 한순간도 한눈 판 적이 없다. 그럼에도 불구하고 그녀는 참 힘든 교육생이었다.

일단 이 강의는 회의가 많아서 조별 배치로 진행했는데, 모두가 어깨를 모아야 하는 회의시간에도 그녀의 어깨는 참으로 뻣뻣했다. 어깨가 조원들과 함께 안으로 모여 있지 않고 늘 밖으로 향해 있는 것이다. 그녀 덕분에 그녀의 조는 마치 컴퍼스로 원을 그리다 누가 손을 딱 치는 바람에 중심이 흐트러져버린, 그래서 무척이나 짜증이 나 보이는 삐뚤

어진 원같이 보였다.

그러니 앞에서 보면 그녀는 정갈하게 정리된 이 반에서 유일하게 정리되지 않은 튀는 교육생이었다. 그녀의 그런 자세는 다른 조원들에게도 좋지 않은 영향을 미쳤을 것이다. 이렇듯 그녀는 팀에 어떤 도움이 될지 염려스러운 팀원이었다. 하루 종일 진행된 강의시간 동안 그녀의 일관된 모습은 내게 의아심을 갖게 했다.

'저분은 왜 그런 걸까? 원하지 않은 회사에 입사한 것일까?'

너무나 뻔한 이 기본을
우리는 왜 모르는 걸까?

강의가 끝날 때쯤 책상 위에 포스트잇이 하나 붙어 있었다.

"강의 우수자와 불량자를 써주십시오."

교육 담당부서의 요청이다. 난감하기 짝이 없었으나 '불량자'라는 글자를 본 순간 나는 단 1초의 고민도 없이 그녀를 쳐다보았다. 강의시간 내내 졸던 교육생, 강의시간에 지각한 교육생이 아닌 그녀를 말이다. 오히려 우수자를 선정하기가 어려웠다. 성실하고 열정적인 교육생들이 많아 누구를 선택해서 쓸지가 고민스러웠다. 어쩌면 워낙 훌륭한 교육생들이 많았기에 그녀가 상대적으로 더 눈에 띄었던 것은 아닐까 싶은 생각도 들었다.

포스트잇을 조심스럽게 내밀었을 때 교육 담당자가 말했다.

"강사님도 그 친구를 적으셨군요. 강사님 말고도 꽤 많은 강사님이 같은 이름을 써서 주셨거든요. 그러니 저도 그 친구에게 뭐라 한마디 하고 싶지만 회사가 학교는 아니잖아요. 여기는 프로들이 만나는 회사니까 각자 알아서 해야죠."

맞는 말이다. 그 힘든 경쟁을 뚫고 회사에 입사한 순간 우리는 더 이상 아마추어가 아니기에 프로로서 보여야 하는 모습이 있다. 프로로 대접받고 싶다면 먼저 자신의 모습을 점검해봐야 한다. 과연 책상에 앉아 있는 그 모습 그대로, 회의에 참석하고 있는 그 자세와 표정 그대로 누군가를 불편하게 만들고 있진 않는지 자신을 객관적으로 점검해봐야 한다.

누군가는 인사 한 번만으로 아름다운 첫인상을 만들어내고 누군가는 앉아 있는 상반신의 모습만으로도 곁에 가고 싶지 않은 첫인상을 만들어낸다. 너무나 뻔한 이 기본을 의외로 모르거나 무시하는 사람들이 많다.

수시채용이 많아지고 경력사원 채용이 많아지면서 바로 현장에 투입되는 인력이 아니라면, 신입사원이라도 정식 직원으로 바로 채용하는 것이 아니다. 인턴으로 몇 달을 함께 일하면서 다각도로 살펴본 후 정식 직원으로 전환하는 경우도 있다. 인턴이 곧 신입사원인 경우가 많다 보니 가끔 이런 질문을 받는다.

"인턴은 뭘 잘하면 좋을까요? 전 프레젠테이션을 잘할 자신이 있는데요. 어떻게 하면 저의 능력을 보여줄 수 있을까요?"

그러면 나는 이렇게 대답한다.

"글쎄요. 제 생각에는 신입사원이 그런 기회를 잡기 위해서는 선행되어야 할 것들이 있을 것 같은데요. 혹시 그게 뭐라고 생각하시나요?"

한 조사기관에서 신입사원이 반드시 지켜야 하는 것은 무엇인지 각 기업의 인사 담당자들을 대상으로 설문조사를 실시했다. 그 결과 인사 잘하기가 56% 정도로 가장 큰 비중을 차지했다. 그다음으로는 근태 관리, 즉 시간 약속 잘 지키기, 크고 자신감 있게 대답하기 순이었다. 이 정도만 잘해도 80점 정도를 받을 수 있다. 그다음으로는 불평하지 않기, 밝은 표정 짓기가 차지하고 있었다. 이 모든 것들의 공통점은 무엇일까? 그것은 바로 모든 행동이 업무와 직접적 관련이 있는 능력은 아니라는 것이다.

많은 신입과 인턴들이 질문을 한다.

"무엇부터 해야 하나요?"

"무슨 능력을 보여줘야 하나요?"

회사가 여러분에게 능력을 원한다고 생각하는가? 첫 출근한 날부터 회사의 미래를 이끌어갈 아이디어를 만들어내고, 그 누구보다도 완벽한 기획안을 제출하길 바랄 것 같은가? 스티브 잡스처럼 훌륭한 프레젠테이션을 하고, 거래처를 뚫거나 매출을 신장시키는 등의 일을 원한다고 생각하는가? 회사는 갓 입사한 여러분에게 뭔가 거창한 능력을 요구하지 않는다.

　물론 가르친 것을 제대로 해내고 한두 개 시키지 않은 것까지 해내면 얼마나 기특할까? 하지만 회사는 처음부터 인턴과 신입사원에게 그런 것을 원하진 않는다. 가장 기본인 것부터 잘해야 한다. 기본이 튼튼한 사람은 언제든, 그것이 무엇이든 응용이 가능하다고 상사들은 생각하기 때문이다.

　상대가 보면 기분 좋을 표정으로 인사해야 한다. 우리는 일반적으로 타인에게 무척 인색하다. 첫눈에 반하지 않고서야 상대의 장점보다 단점이 훨씬 눈에 잘 들어온다. 뽀얀 피부보다는 축 처져 있는 입꼬리가 먼저 눈에 들어온다. 깔끔한 정장보다는 엉거주춤한 인사가 먼저 보인다. 6초 안에도 우리는 상대를 분석하고 판단한다. 그러니 첫 만남을 열어주는, 가장 간단하지만 결코 쉽지 않은 인사부터 상대가 느낄 수 있도록 제대로 해야 할 것이다.

어느 리서치 회사에서 우리나라 남성 직장인들을 대상으로 흥미로운 조사를 했다. 스스로 성공했다고 생각하고 타인도 성공했다고 인정해주는, 즉 자타가 인정하는 성공한 남성 직장인 5%는 어떤 물건을 사무실 책상 서랍 안에 넣어두거나, 서류가방 안에 넣고 다니더란다. 반면 성공하지 못했다고 여겨지는 95%의 남성 직장인은 그 물건을 평소 절대로 가지고 다니지 않는다고 한다. 과연 이 물건은 무엇이었을까?

이 문제를 강의장에서 강사인 내가 앞뒤 설명도 없이 불쑥 내면 대부분 사람들은 가족 사진이라고 답한다. '성공한 사람들은 집안도 탄탄하겠지.'라고 생각하는 모양이다. 이 문제에 힌트를 용모, 복장과 연관성이 있다고 하면 양말, 헤어젤, 손톱깎이, 행커치프 등 다양한 답이 나온다. 어떤 때는 치실까지 답으로 나오는 경우도 있다. 기발한 답변이지만 안타깝게도 틀렸다.

정답은 바로 '검은색 넥타이'다. 어떤가? 답을 맞혔는가? 우리나라 사람들은 기쁨을 함께하는 이들보다 슬픔을 함께하는 사람을 훨씬 더 가깝게 느끼며 고마워한다. 그래서 성공한 직장인들은 갑작스럽게 장례식장에 갈 상황에 대비해 검은색 넥타이를 가방이나 서랍 안에 넣어둔다고 한다.

T.P.O.를 모른다는 건
기본을 모른다는 것

나도 조직생활을 할 때 위의 예시를 딱 한 번 본 적이 있다. 분명 오전에는 그 옷차림이 아니었는데 저녁에 문상을 가보니 여성 상사 한 분이 머리에서 발끝까지 검은색 정장을 입고 와 계신 것이 아닌가? 문상 첫날 여성 상사 중에 제대로 옷을 갖춰 입고 조문을 한 분은 그분이 유일했기에 얼마나 눈에 띄었는지 모른다.

옷차림의 매뉴얼은 수만 가지다. 와이셔츠 소매가 정장 재킷 소매 밖으로 몇 cm 보이는 것이 정석인지, 넥타이는 벨트 밑으로 몇 cm 내려오면 좋은지, 바짓단 밑으로 구두 굽은 몇 cm 보이는 것이 적당한지….

외워야 하는 것은 왜 이리 많고, cm들은 왜 그렇게 조금씩 다른 것인지, 그걸 외워서 써먹을 수는 있는 건지 고민스러울 때가 많다. 그러나 용모, 복장에서 가장 중요한 콘셉트가 무엇인지만 알아두면 옷차림에 대한 고민은 훨씬 가벼워질 수 있다.

용모, 복장에서 가장 중요한 원칙은 T.P.O.에 맞는 차림이다. T.P.O.는 Time, Place, Occasion의 머리글자로, 옷을 입을 때의 기본원칙을 나타내는 말이다. 즉 옷은 시간·장소·경우에 따라 착용해야 한다는 점을 강조하기 위해 나온 말이다.

예를 들어보겠다. 한 달 만에 부장님 이하 직원 모두가 모여 중요한 회의를 할 예정인데, 복장에는 제한이 없다고 한다. 복장 자유라고 하지만 그런 날만큼은 단순히 생각해봐도 캐주얼 차림보다는 세미 정장이 좋지 않겠는가? 이번에는 20년 만에 집을 마련하신 부장님이 집들이를 하겠다고 한다. 여성의 경우 치마가 좋겠는가, 바지가 좋겠는가? 정원에서 가든파티가 열리거나 뷔페가 펼쳐져 있는 분위기가 아니라면 바지가 더 적절하지 않겠는가? 접시라도 나르고 일을 조금이라도 도와주려는 마음이 있다면 말이다.

T.P.O.가 중요하다고 아무리 강조해도 이를 평소에 인식하지 않고 중요하게 생각하지 않는다면 바쁜 출근시간에 알맞은 복장에 대해 생각하기는 어렵다. 언제나 출근시간이 여유로운 편이라면 현관문 앞에서 거울을 보며 머리에서 발끝까지 점검할 수 있을 것이다. 그게 아니라면 전날 밤 내일의 상황을 떠올리며 입을 옷들은 미리 준비해두자. 적어도 사

회초년생이라면 말이다.

특히 좋은 자리에, 행사에 초대를 받아 갈 때는 각별히 옷차림에 신경 쓸 필요가 있다. 어쩌다 가끔 만나는 사람들에게 자신의 인상은 1년 또는 그 이상의 기간 동안 머리에 남게 될 것이다. 한번 만들어진 이미지를 바꾸기 위해서 또 얼마의 기간을 기다려야 할지 모른다. 그러니 가지고 있는 옷 중에서 가장 좋은 옷을 입고 초대받은 자리에 가는 것은 자랑이 아니라 예의다.

또한 문상을 가게 될 때는 검은색 계열의 옷을 입고 가장 정중하고 소박한 차림으로 진심을 다해 상대의 슬픔을 나누려는 마음을 챙겨야 함을 잊지 말자. 설사 잘 모르는 상사의 사돈의 팔촌의 이모님 상을 어쩔 수 없이 가게 될 때도 말이다. 모른다는 것이 오해를 막는 방패가 될 수는 없다.

T.P.O.를 실천하지 않는다는 건
게으름의 표현이다

T.P.O.에 맞는 옷차림을 갖추기 위해 염두에 두어야 할 것을 하나 더한다면 어떤 요소가 있을까?

어느 고등학생이 아빠에게 이런 질문을 했다.

"아빠, 여자들은 어떤 남자를 좋아하나요?"

사춘기를 맞은 아들은 여자 친구가 있는 다른 친구들이 부러웠던 모양이다. 아빠는 대답한다.

"그건 엄마에게 물어봐야지."

"엄마, 여자들은 어떤 남자를 좋아할까?"

엄마가 대답한다.

"어떤 남자를 좋아하는지는 모르겠어. 취향이라는 게 있으니까. 근데 어떤 남자를 싫어하는지는 잘 알지. 여자들은 더러운 남자를 엄청 싫어해. 그러니까 쓸데없는 소리 하지 말고 얼른 씻어!"

T.P.O.에 맞는 옷차림은 무엇보다도 중요하다. 그러나 그것만큼 중요한 것이 바로 청결함이다. 검은색 정장을 입을 때 여성은 되도록 머리를 묶거나, 아니면 자주자주 거울을 보면서 어깨 위의 먼지를 털어주자. 하얀 먼지가 오해를 불러올 수도 있다. 남자들도 덜렁거리는 단추가 있지는 않은지, 실밥이 나와 있지는 않은지 잘 살펴보자. 깔끔함이 그 무엇보다 중요하다.

또한 요즘에는 유행처럼 '패션의 완성은 얼굴'이라고 말하지만 진정한 패션의 완성은 구두에서 결정된다. 비바람과 폭우 때문에 정신없는 아침에 빗속을 뚫으면서 출근했다면 사무실 문을 열기 전에 화장실에서 옷과 구두를 한 번 살펴보자. 바지와 구두가 흙탕물 때문에 마치 모심기라도 한 모양새처럼 지저분하다면 굽 뒤쪽까지 깨끗하게 닦아 깔끔함을 유지해야 한다.

남녀 직장인이 온몸에 정장을 둘러도 가릴 수 없는 것은 바로 구두의 굽이다. 닳은 구두 굽으로 '나 열심히 일해요.'를 드러내려는 의도가 아니라면 평소에 구두 굽까지 깔끔하게 갈아두는 부지런함도 가져보자. 여성들의 힐은 더 말할 것도 없다. 길을 걷다가 보도블록에 굽이 끼여서, 혹은 계단에 걸려서 파인 구두 굽을 보면 때로는 구두 주인의 게으름이 드러나는 것 같기도 하다.

아무리 바쁘더라도 주말에 30분 정도를 투자해 일주일 동안 입을 옷도 정리하고, 지저분하면 세탁소에 맡기기도 하고, 가방·구두·벨트 등 수선을 맡겨야 하는 것들도 챙겨보자. 특히 여름에는 더 신경 써야 한다. 색상이 진한 양복 같은 경우는 티가 잘 안 날 수도 있지만 의외로 땀에 오염된 옷들이 많다.

　자신을 빛내줄 패션 아이템들을 깔끔하게 정리하는 것도 자기관리 능력이라고 할 수 있다. 머리에서 발끝까지의 청결함이 또 하나의 옷차림 매너가 된다는 사실도 잊지 말아야 할 것이다. 옷차림에 대한 주관과 취향은 사람마다 다를 순 있겠지만 적절성과 청결함은 가장 중요한 일반적인 요소다.

TIP! 깔끔한 이미지를 위한 TIP

① 출근하기 전 오늘 당신의 업무와 상황에 적절한 차림인지 확인한다.

② 어두운 색의 옷을 입었다면 먼지나 더러운 게 묻어 있는지 확인한다. 그리고 어깨
위의 먼지가 오해를 만들지 않도록 묶는 것을 추천한다. 만약 묶기가 마땅치 않다
면 차라리 밝은 색의 옷으로 깔끔함을 표현해보자.

③ 단추를 모두 점검해보자. 덜렁거리거나 실밥이 나와 있는 단추는 준비되지 않은 직
장인처럼 보이게 만든다.

④ 한 달에 한 번 주말 30분을 투자해 옷장과 신발장을 정리한다. 아무리 정장으로 가
려도 쉽게 가려지지 않는 구두는 뒷굽까지 깨끗하게 손질해놓자. 또 주름진 옷들은
다림질을 해놓고, 더러운 옷들은 반드시 세탁을 해놓자. 혹시나 이 모든 것을 가족
에게 떠넘기는 일은 없기 바란다. 어느 날 아침, 입겠다고 생각한 옷을 입지 못하는
낭패를 당할 수 있다.

앉는 자리도
정해져 있다

외우지 않아도 된다. 마음만 있다면 알게 된다.
배우지 않아도 실천하는 사람들도 있으니 말이다.

우리나라 직장인들이 신입사원에게 가장 필요하다고 느끼는 능력은 '기본적인 예의범절'이다. 능력과 관련된 많은 것들은 빙산의 일각에 불과하며 더 중요한 것은 수면으로 드러나지 않는 인간관계라고 생각하는 것 같다. 그래서 어떤 신입사원이 들어오길 희망하는지 물어보면 업무를 빠릿빠릿하게 처리하는 후배, 상황 판단이 빠른 후배를 제치고 예의 바른 후배가 1위를 차지하고 있다.

예의범절은 곧 태도다. 태도가 나쁜 직원보다는 태도가 좋은 직원에게 당연히 호감이 가기 마련이다. 그렇기에 태도가 좋은 직원들에게 더 많은 기회가 갈 수밖에 없는 것이다. 그래서 신입사원들은 용모·복장 깔끔하게 하기부터 첫인사, 명함 주고받기, 전화 예절까지 점검해야 하는 것이 한두 개가 아니다.

그중에서 '상석上席'의 개념을 강의로 전달할 때가 있다. 엘리베이터에서, 회식 자리에서, 회의 석상에서, 또는 자동차를 함께 탈 때 상사의 자리가 있고 신입사원이 앉아야 하는 자리가 따로 있다고 하면 피식 비웃는 사람들이 꽤 많다. 이런 기본적인 예의범절을 그다지 중요하다고 생각하지 않는 것이다. 그러나 이런 사소한 것들도 신입사원에게는 매우 중요하다는 사실을 잊지 말아야 한다.

상석을 기억해야 하는 순간과 마주쳤을 때 기본을 알고 있는 것과 모르는 것에는 엄청난 차이가 있다. 매너의 매뉴얼이라는 것이 만들어진 이유는 그것이 생활 속에서 그만큼 중요하기 때문이다. 많이 알려진 이 내용을 알지 못하면 예 없는 사람으로 오해받기 충분하다.

사소한 행동이 보여주는
아주 큰 차이

항공사 스튜어디스로 오랫동안 근무했던 친구가 있다. 지금이야 전업주부 생활을 하고 있으나, 예전에는 글로벌 매너를 공부하며 이를 지키고 또 보여줘야 하는 직업인 스튜어디스로 일했다. 그 친구에 대한 이야기를 조금 해볼까 한다.

어느 날 지인들 여럿이 모여 브런치를 하고 나왔을 때였다. 주차되어 있던 차량을 발레파킹해준 직원이 우리 앞으로 차를 가져와 키를 인도하자마자 그 친구가 대뜸 이렇게 말하는 것이다.

"제가 뒤쪽 중간에 앉을게요."

지인들 중에는 자기보다 연장자가 있기도 했지만 자신보다 어린 동생도 분명 있었다. 그런데도 그녀는 자동차에서 가장 불편한 뒤쪽 중간 자리에 앉겠다고 자처했다. 아마도 그녀는 알고 있었을 것이다. 그 자리가 막내의 자리라는 것을.

스튜어디스를 하는 동안 상석에 대한 교육을 얼마나 많이 받았겠는가? 중요한 것은 그녀가 그 매너를 회사를 관둔 지금도 늘 실천한다는 것이다. 아직도 그 친구는 지인들과 차를 탈 때면 가장 먼저 차 문을 열고 뒷자리 중앙에 앉는다. 그러고는 자신의 가방을 무릎에 놓고 다른 사람들이 편히 앉을 수 있도록 최대한 좌석에서 엉덩이를 앞으로 빼고 불편하지만 불편하지 않은 표정으로 자리에 앉아 있는다.

우리가 매너를 중요하게 생각하고 기억해야 하는 이유는 아는 것을 겉으로 행동해야 하는 순간들이 반드시 있기 때문이다. '레이디 퍼스트'라며 누군가 차 문을 열어줘도 "제가 해도 되는데, 배려해주셔서 감사합니다."라고 말하는 직원과 그냥 안으로 쏘옥 타는 직원은 아는 것의 깊이가 다르다.

당신이 남자일 경우 여자 직원과 차를 탈 때 멋있게 레이디 퍼스트를 외치며 차 뒷문을 열었는데 그녀가 바로 타지 못하고 머뭇거린다면 그녀의 복장을 꼭 살펴보아라. 그녀가 치마를 입어서 차를 타는 것이 불편할 수도 있지 않은가? 그럴 때 "제가 먼저 탈까요?"라고 말하는 남성과 그렇지 않은 남성은 부드럽게 말하는 가수 성시경과 늘 무섭게만 말할 것 같은 개그맨 박명수와의 거리 정도랄까? 별것 아닌 말 한마디, 중요해 보이지 않는 예의범절의 매뉴얼 하나를 기억하고 실천하는 것만으로도 당신은 상대방에게 성시경이 될 수도 있고, 박명수가 될 수도 있는 것이다.

'상석'이라는 것은
외우는 것이 아니다

신입사원 때 회사 워크숍을 간 적이 있다. 토요일 오전 회사 주차장에서 만나 차를 나눠 타고 북한산에 가서 등산을 하는 일정이었다. 막내였던 나는 상사들이 타는 것을 보고 자리를 잡아야겠다 싶어 다른 분들이 자리를 잡을 때까지 기다리고 있었다. 그런데 나의 직속 상관이 한 차의 운전석 옆자리에 타는 것이다. 그러더니 창문을 열고서는 내게 간식 봉지를 들고 타라는 신호를 보내셨다. 아무것도 몰랐던 내가 허겁지겁 과장님 뒷자리에 타려고 하자 옆에 서 있던 다른 과장님이 한마디 했다.

"너, 거기 앉으려고?"

"네?"

"너 드라마도 안 보니? 거긴 사장님 자리야. 어디서 막내가 사장님 자리를 앉고 말이야. 김 과장님, 얘 교육 다시 시켜야겠는데?"

그러고 보니 드라마를 보면 늘 운전석 대각선 뒤에는 높은 직급의 주인공들이 앉더라니. 거기가 '상석'이었던 것이다. 무식이 탄로 난 그 무안한 순간에 내가 들고 있던 간식 봉지는 왜 그리 무겁게 느껴지는지…. 쥐구멍이 있었으면 억지로 몸을 구겨 넣어 숨고 싶은 심정이었다.

'상석'이라는 개념이 맞아떨어지지 않는 상황도 많고, 잘 알고 있더라도 이를 생색낼 상황이 좀처럼 오지 않을 수도 있다. 그럼에도 불구하고 아는 것과 모르는 것은 엄연히 다르다. 적어도 기본은 알고 있어야 한다.

탑승 인원에 따라, 상황에 따라 다르겠지만 일반적인 신입사원의 자리는 뒷자리 중간석이다. 바로 뒷자리 중간석에 불편하게 앉아 양쪽 사람의 대화를 듣는 것이 신입이 해야 하는 행동이다. 엘리베이터 안에선 안정적인 안쪽 자리가 상석이라면 신입의 자리는 버튼과 가까운 자리여야 층수를 누르기가 쉬울 것이다. 물론 신입은 엘리베이터를 가장 늦게 타고 가장 늦게 내리는 것임을 기본으로 기억한다.

회식 자리에선 주문이 용이한 문에서 가까운 자리가 신입의 자리다. 이를 아부나 불합리함으로 받아들이기보다 연장자에 대한 예의이자 상사에 대한 마음의 표현이라고 생각하고 배려할 수 있다면 그 상황이 그리 힘들진 않을 것이다.

원칙처럼 여겨지는 이런 많은 스킬들이 신입사원이기에 해야 하는 의무
감처럼 느껴지지 않기를 바란다. 회사 내 예의범절을 생각하면 엘리베
이터에서 가장 늦게 타야 하는 사람도, 가장 늦게 내려야 하는 사람도,
그리고 달려가 엘리베이터 문을 열어야 하는 사람도 모두 신입사원이
다. 물론 이것이 답답한 의무처럼 여겨질 수도 있다. 하지만 상대에 대한
배려로 가장 늦게 타는 선배들, 내릴 때도 다른 모든 사람들이 내릴 때
까지 버튼을 누르고 있는 선배들도 있다는 사실을 생각해보자. 차를 타
거나 내릴 때도, 음식을 주문할 때도, 상대에 대한 배려로 이 모든 원칙
을 외우지 않아도 실천하는 많은 선배들이 있다. 간혹 엘리베이터나 출
입문 쪽에서 외국인과 만날 때면 대부분 그들이 순서를 먼저 양보하지
않던가? 우리에겐 조금 낯설지만 이런 기본적인 양보는 의무라기보다
는 상대에 대한 배려로도 충분히 행할 수 있는 매너가 아니겠는가?

　따라서 이런 매너의 원칙들은 막내이기에, 나이가 어리기에, 사회초
년생이기에 해야만 하는 행동이 아니라 어른다운 어른으로, 어른답게
나이 먹기 위한 행동이라고 생각하길 바란다. 그러면 이러한 예의범절
은 더 이상 외우지 않아도 되는 생활의 습관이 될 것이다.

견딜 것인가?
즐길 것인가?

앉아 있는 모습만으로도, 걸어가는 모습만으로도
남과 다른 열정을 느끼게 할 수 있다면 얼마나 좋겠는가?

꽤 오랫동안 고용노동부가 주관하는 청년인턴 교육사업에서 중소기업 인턴들을 대상으로 하는 사전직무 교육을 했다. '청년인턴'은 이제 인턴으로 근무하게 될 학생부터 회사에서 인턴으로 근무한 지 1~3개월 정도 된 사회초년생들이다.

강의장에서 60여 명이 넘는 인턴들에게 강의를 하다 보면, 안 되는 걸 알면서도 기계적으로 강의를 하게 된다. 그리고 내 눈은 첫 시간부터 매직아이를 하는 사람마냥 초점이 흐려질 때가 많다. 아침에 만나 하루 종일 함께 있어도 다음 날이면 서로 만나지 않는 하루짜리 교육이다 보니 교육생의 이름과 얼굴을 모두 기억하는 일은 사실상 어렵다. 그러니 청년인턴 중 아직도 내 기억에 남아 있다는 것은 정말 놀라운 일이 아닐 수 없다.

하루에 적으면 30여 명, 많으면 70여 명을 교육하고 한 달에 대여섯 차례의 교육을 하게 되면 1년에 약 3천여 명을 만난다. 이런 강의를 4년 넘게 해왔다. 그렇게 수많은 교육생들을 만나기 때문에 기억에 남았다는 것은 그만큼 그 친구의 이미지가 굉장히 강했다는 뜻이다. 정작 그는 자신의 하루가 내 기억에 강렬하게 남아 있음을 알지 못하겠지만 말이다.

당신을 바라보는 그들은
모두 반 관상쟁이

청년인턴 교육을 들으러 오는 교육생들의 첫 시간의 표정은 대개 둘 중 하나다. '어떻게든 시간을 보내며 견뎌보자. 들으라고 회사가 시킨 거니까.'이거나 아니면 '음, 뭔가 배울 것이 있지 않겠어? 일단 왔으니 열심히 듣고 즐기지 뭐.'이다.

안 그래도 회사에 적응하느라 정신없는 나날을 보내다가 상사가 가라고 하니까 어쩔 수 없이 온 그들을 강의장에서 바라보고 있으면 강사는 반* 관상쟁이가 되는 듯하다. 강의장에 들어와 자신의 자리를 찾고 강의가 시작되기 전까지의 표정만 봐도 누가 가장 열심히 강의에 임할 것인지, 누가 가장 강사를 힘들게 할 것인지가 가려진다.

그러다 보니 나를 힘들게 할 것 같은 그 교육생이 내가 강의를 시작하며 첫인사를 할 때 과연 앞을 바라보며 좋은 자세로 내 얼굴을 제대로 보는지 보지 않는지 지켜보는 것이 하나의 버릇이 되었다. 내 예감에 대한 일종의 확인이랄까? 그래서 그들을 바라보며 '역시 교육이 시작되었는데도 나를 바라보지 않는 저 친구, 오늘 나를 가장 힘들게 할 것이다!'라고 생각한다.

이날도 난 변함없이 첫 시간에 누가 '견디자' 쪽이며 누가 '즐기자' 쪽인지를 구분하고 있었다. 그러다 한 교육생과 눈이 마주쳤다. 눈이 마주쳤다는 것은 적어도 강의장 안에서의 목적을 안다는 것이다. 강의 시작 시간이 되면 강사를 바라보고 있어야 한다는 것을 안다는 몸짓이다. 강의를 들을 때는 앞을 바라보고 있어야 한다는 기본적인 태도가 몸에 배어 있는 친구였다. 허리를 꼿꼿이 세운 그 청년의 얼굴은 확실히 '즐기자' 쪽이었다. 설사 마음은 '견디자'였을 수 있으나 나를 바라보고 있는 눈빛은 호기심이 가득하고 '강사가 어떤 식으로 강의를 시작하려 하는 걸까?'라는 관심 어린 눈빛이었다.

일단 이렇게 강사와 눈을 맞추고 수강 준비를 하고 있는 친구라면, 그의 상사가 아니더라도 하루만 지켜보면 그의 평소 태도가 어떨지 짐작할 수 있다. 이것이 바로 강사가 반 관상쟁이가 되는 과정이다.

아니나 다를까, 그는 하루 7시간 강의 동안 나를 정면으로 보지 않은 순간이 거의 없었다. 나태해 보이는 법 없이 허리를 꼿꼿이 세우고 경청했으며, 조별 발표에서도 참여자로서 책임을 지고 적극적으로 발표했다. 그리고 팀원들의 이야기를 들을 때는 최선을 다해 경청하고, 때론 고개를 끄덕이고 때론 웃으며 긍정적인 에너지를 조원들에게도 전달했다. 표현에는 겸손함과 따뜻함이 있었으며, 적극적인 자세에는 과하지 않은 중용이 갖추어져 있었다.

　나는 짐작했다. '저 친구는 분명 내게 이메일을 보낼 것이다.' 강의라고 하는 것이 모름지기 아무리 지루하다 하더라도 열심히 듣는 이들에게는 열정이 전해지기 마련이고, 더 알고 싶은 것을 궁금증으로 던져주기 때문이다. 짐작한 대로 그는 내게 이메일을 보내 궁금한 것을 물어왔다. 같은 내용의 답신을 여러 교육생에게 동시에 보내는 것임에도 불구하고 나는 그의 메일만큼은 내용을 잘 이해하며 읽을 수 있도록 줄과 칸을 맞추고 친절히 설명을 덧대며 참고 서적까지 알려주었다. 그리고 나의 한마디가 그 친구 마음에, 또는 그 친구 머리에 깊은 인상으로 남아 그의 삶 한 귀퉁이에 조금이나마 도움이 될 수 있기를 소망했다.

"그의 미래를
늘 응원합니다."

사람들의 눈은 비슷하다. 상사라고 다르고, 부하직원이라고 다르고, 어리다고 다르고, 여자라서 다르지 않다. 바른 태도는 때론 바른 마음을 만들고 바른 마음은 눈을 통해서도 전달된다. 그리고 그런 마음이 전달되면 놀랍게도 주변의 많은 이들에게 영향을 미친다.

나의 이런 믿음은 얼마 후 그와 우연히 마주친 사건으로 확신이 되었다. 정확히 이야기하면 나는 그를 보았지만 그는 나를 보지 못했다. 나는 그가 강의장에서만 그렇게 좋은 태도를 보인 게 아니라는 것을 확인하게 된 것이다.

청년인턴 교육이 끝나고 얼마 뒤 개인적인 약속을 위해 종로의 한 회사 건물 1층에서 누군가를 기다리며 서 있었다. 어디선가 본 것 같은 청년이 퇴근시간에 경쾌한 발걸음으로 건물 로비를 가로지르고 있었다. 역시나 어깨는 바르고 허리는 꼿꼿하며 얼굴에는 생기가 넘쳤다. 나는 이메일을 통해 그가 한 언론사의 인턴기자라는 것을 기억하고 있었다. 순간 그 건물의 층별 간판을 보았고 그가 한 언론사의 인턴기자라는 것을 알게 되었다.

물론 어느 회사를 다니는지는 중요하지 않다. 그저 나는 그가 어디서 어떤 기사를 쓰든 그를 지지할 것이다. 설사 그 시간 로비를 지나는 그의 표정이 사랑하는 여인을 만나러 가는 길이었기에 밝았다 하더라도, 또는 상사에게 칭찬을 받아 보람 있는 하루를 보낸 퇴근길이었다 하더라도 마찬가지다. 나는 그가 언제나 그렇게 좋은 태도로 세상을 바라본다고 믿을 것이기 때문이다. 그가 느낌이 좋은 직원임을 그의 상사들도 알아볼 것이라고 나는 확신한다.

샐러던트saladent라는 말을 들어보았을 것이다. 샐러리맨salaried man과 스튜던트student가 합쳐진 신조어로, '공부하는 직장인'을 의미한다. 영어회화부터 직급별 교육까지 사회생활을 해도 교육은 끝없이 이어진다. 끊임없이 자기계발을 위해 투자하는 시간들 중에는 분명 강의를 듣는 시간도 있을 것이다.

그렇다면 강의가 시작될 때는 허리와 가슴을 펴고 강의장 앞을 바라보자. 당신을 바라보고 있는 강사와 눈이 마주칠 것이다. 그럼 진심을 담아 속으로 이렇게 말해보자. 'I'm ready!' 장담컨대 그 눈빛을 강사가 보았다면 당신 한 명을 위해서만이라도 최선을 다할 것이다.

업무 외에도 나를
기억나게 하는 것

조금은 밋밋한 나를 달리 보이게 하는 것.
나만의 개성으로 또 다른 나를 만들어주는 일상의 쉼표.

같은 부서에서 근무했던 상사 중에 기타를 정말 잘 치시는 분이 계셨다. 기타에 대해 잘 모르는 내가 봐서 그럴 수도 있겠지만 본인이 원하는 노래를 기타로 멋들어지게 치셨으니 내 기준에선 잘 치시는 거였다. 노래도 잘 부르셨던 기억이 난다. 기타와 함께 노래를 부르시는 모습은 꽤나 인상적이었다. 그러한 이유로 워크숍을 가게 되면 그분은 어김없이 기타를 메고 오셨다. 요즘은 낭만적인 워크숍이 사라진 것 같아 아쉽기도 하지만, 당시 그 부서의 특성상 워크숍의 저녁은 다 같이 둘러앉아 노래도 부르고 술도 마시고 하는 분위기였다.

저녁에 분위기가 무르익으며 마치 대학 다닐 때처럼 캠프파이어를 하고서는 모두가 둘러앉아 그분의 기타 소리를 들었다. 김광석을 무지 좋아했던 나는 신청곡으로 김광석의 〈서른 즈음에〉를 말했고 그분의 기타 반주에 부서 직원 모두가 그 노래를 흥얼거렸다.

쏟아질 것 같은 별을 보며 여행스케치의 〈별이 진다네〉가 엔딩곡으로 나올 때까지 그분은 참 많은 노래를 연주하셨다. 마음에 들지 않는 동료, 늘 미운 동료, 휴일에 길거리에서는 제발 마주치지 않았으면 하는 상사 등이 분명 다 같이 앉아 있는 자리였다. 그런데도 그 순간만큼은 기타 반주에 노래를 흥얼거리며 모두 즐거운 시간을 보냈다. 나는 아직도 그분의 얼굴과 목소리를 기억한다.

취미를 만드는 것도
시간 관리의 하나다

예전에 친하게 지내지는 않았지만 옆 부서에 프라모델을 모으는 여자 직원이 있었다. 친하지 않았기에 아는 것도 잘 없는, 그래서 늘 복도에서 눈인사만 하던 동료였다. 그러다 우연히 같이 커피를 한잔하다가 그녀의 취미가 건담을 조립하고 다양한 프라모델을 수집하는 것이라는 걸 알게 되었다.

사람은 자기와 취미가 같아도 호감을 느끼지만 정반대의 성향에도 왠지 모르게 끌릴 때가 있다. 손재주가 없어 태어나서 한 번도 조립이라는 것에 관심도 가져본 적이 없던 나는 갑자기 그녀에게서 중성적인 느낌을 받게 되면서 관심이 생기기 시작했다. 별 취미 하나 없이 어제나 오늘이나 거기서 거기인 무미건조한 직장생활을 하는 나에 비해서 그녀는 마치 시간을 쪼개 자신의 생활을 재미있게 만드는 능동적이고 활동적인 동료로 느껴졌던 것이다. 게다가 주말에는 한강에서 사이클을 즐긴다고 하니 건강하게 자신의 삶을 누리는 열정이 가득한 사람이라는 생각도 들었다.

회사에서는 늘 얌전하게 행동하고 대화할 때도 말을 하기보다는 듣는 편이었기에 그녀가 그런 멋진 취미를 즐기는 동료라는 것을 알 길이 없었다. 하지만 우연한 기회로 그 동료에 대해 좀 더 알게 되니 그다음부터는 복도에서 오다가다 만나던 예전의 그 동료가 아닌 것처럼 느껴졌다. 왠지 발걸음도 가벼워 보이고 손놀림도 예사롭지 않아 보였으며 건강함과 신선함이 느껴졌다.

타인에게 아무런 이미지도
남기지 못하는 사람

사람들이 당신을 떠올릴 때 아무런 이미지나 느낌이 없다고 한다면 그 또한 슬픈 일일 수 있다. 강하게 생기거나 개성이 뚜렷하거나 하는 것이 늘 좋은 느낌을 전달하는 것은 아니다. 그러나 언제나 밋밋하고 재미없고 그 자리에 있었는지 없었는지 티도 나지 않는 사람이라면 언젠가는 이미지로 인해 고민이 생길 것이다. 그래서 취미라도 한 가지 만들려고 하면 일만으로도 너무 바쁜 것 같아 시간 핑계를 댄다. 나 또한 그런 사람 중에 하나였기에 아직까지도 장기 하나가 없다.

몇 년 전부터는 기타가 정말 배우고 싶었다. 기타가 아니라면 더 빨리 배울 수 있다는 우쿨렐레라도 배우고 싶었다. 그런데 자꾸만 시간이 없다는 말만 하게 되는 것이다. 그러던 어느 날 강의를 듣던 교육생 한 분이 예전부터 밴드동아리에 있었다며 기타가 전문이라는 이야기를 하는 순간 말을 꺼내보았다.

"안 그래도 저도 정말 기타가 배우고 싶은데 많은 분들이 저처럼 손 작은 사람은 힘들다고 그러더라고요. 손도 다 망가진다고도 하고… 그래서 망설이고 있어요."

"그거 다 핑계입니다. 요즘은 초등학생도 기타 잘 치는 친구들이 얼마나 많은데요. 그리고 손이 다 망가진다면 여자분들 중에 기타리스트가 없어야겠지요."

그때 얼마나 무안했는지 모른다. 얼른 배우라는 의미의 대답이었을 수도 있지만, 그 순간 내가 참 많은 핑계를 대고 있었다는 생각이 들었다. 혹시나 멋진 취미생활로 자신의 이미지를 업그레이드시키고 싶은데 회사 일로도 하루가 모자라고 시간이 없다고 느낀다면 나와 같은 후회를 언젠가는 하게 될 것이다.

물론 취미는 언제든지 가질 수 있지만 이미지라는 것은 하루 만에 얻어지는 것이 아니다. 기타나 프라모델이야 원하면 어디에서든지 구매하면 된다. 하지만 자신의 이미지나 개성은 스스로 만드는 것이지, 어디 가서 쉽게 구할 수 없는 노릇이다. 일의 능력이든, 취미생활이든, 외모든 무엇이든지 차별화된 개성 하나가 자신의 큰 강점이 될 수 있음을 꼭 기억하길 바란다.

자신을 대표하는 이미지가 있다는 것은 큰 무기다. 기타처럼 드러나면서도 모두가 선호하는 장기가 아니더라도 좋다. 많은 직원 중에 자신을 생각나게 하는 고유의 스토리가 있거나 키워드가 있다면 절대 잊히지 않는 직원이 될 수 있다.

회사생활과 연관성 있는 것으로는 직군과 상관없이 프레젠테이션을 잘하는 것도 멋진 일일 것이고, 파워포인트에 남다른 능력이 있는 것도 좋을 것이다. 회의에서 유머러스함을 발휘하는 것도 좋을 것이요, 책상 주변이 언제나 깔끔한 것도 좋은 이미지가 될 수 있다. 그것도 아니라면 남들과 좀 다른 취미생활을 가져보는 것을 추천한다. 미술관 관람을 즐기거나 아침마다 운동을 하는 것도 근사한 취미가 될 수 있다.

또 역사에 관심이 많다면 관련 책을 섭렵해보는 것도 좋겠고, 우쿨렐레나 하모니카처럼 가볍게 들고 다닐 수 있는 악기 하나를 익힐 수 있다면 워크숍에 한 번쯤 들고 가서 낭만적이고 감성적인 시간을 만들 수도 있을 것이다. 그것이 무엇이든 자신을 대표할 수 있는, 남들의 기억에 남을 수 있는 이미지가 있다면 스스로 기회를 만들어서라도 한 번쯤 보여줄 수 있으면 좋지 않겠는가?

불평불만은
아직 이르다

회사에서의 투덜거림은 컴플레인하는 고객과 별반 다르지 않다.
이런 투덜거림은 누워서 침 뱉는 격이다.

그 은행의 신입사원 강의는 조금 특별한 상황이었다. 보통 신입사원 강의라 하면 면접을 치르고 연수원에 들어와 받는 강의가 대부분이다. 그런데 그 회사는 신입사원 연수과정을 모두 마치고 각 지점을 탐방하며 한 달 동안 순환 근무를 시켰다. 그 후 다시 모여 그동안 자신이 느낀 점을 가지고 교육을 들으며 회사의 발전을 모색하는 일종의 보수교육이었다. 일반적인 신입사원 교육과정에 가보면 현실 감각이 전혀 없고 조직 마인드를 가지지 못한 신입사원들도 더러 있었다. 그랬기에 내게는 이 보수교육이라는 개념 자체가 신선함으로 다가왔다. 그래서 아마 기대감이 더 컸는지도 모르겠다.

나는 이 교육에서 신입사원으로서 생각할 수 있는 신선하고 재기 발랄하며 패기 넘치는 아이디어가 나오길 기대했다. 더 나아가 현 회사의 상황을 나열하고, 발전 방향을 모색하는 시간이 되기를 바랐다. 그러나 그들의 의외의 모습에 적잖이 당황했다.

토론을 하는 책상 사이사이로 다니면서 들려오는 대화 내용은 하나같이 회사가 자기 생각과 다르다는 것이었다. 겉으로는 젊은 느낌인데 고리타분하다는 둥, 생각보다 연봉이 적다는 둥, 지점 환경이 너무 열악하다는 둥, 상사가 말이 안 통한다는 둥, 회의가 너무 많다거나 지점에서 일하기 싫다는 둥, 거의 모든 내용이 불평불만이었다. 현 상황을 파악하고 문제점을 개선하려 한다기보다 감정적으로 마음에 들지 않는 것들에 대해 투덜대는 내용이었다.

물론 겉으로 바라보는 회사와 조직원이 되고 나서 바라보는 회사는 확실히 다를 것이다. 직원의 입장에서 겉으로 드러나지 않았던 많은 부분들을 발견하고 받아들여야 하니, 단순히 고객이나 취업준비생의 입장에서 보는 것과는 느낌이 당연히 다를 수 있다. 그러나 회사를 한 달 동안 다닌 후 자신이 속한 회사의 현 상황을 파악하는 이 시점에 나누는 이야기가, 상황에 대한 객관적인 분석 없이 장점이 아닌 단점들로 도배된다는 것은 참 안타까운 일이다. 그렇게 투덜거리는 그 자리는 누군가에게는 무척 간절했던 자리일 것이다. 그 회사를 간절하게 다니고 싶었지만 안타깝게 탈락의 고배를 마신 경쟁자들에게는 꽤 배부른 투정이 아니겠는가?

남 탓은
이제 그만할 때다

BBC 다큐멘터리에서 재미있는 실험을 본 적이 있다. 취학 전후 아이들에게 물이 가득 든 무거운 양동이를 들게 하고는 잔디밭 위에 그려놓은 선을 따라 똑바로 걷게 하는 것이었다. 대신 골인 지점까지 물을 흘리지 않도록 노력해보라고 했다. 그리고 만약 성공하면 보상으로 맛있는 과자를 주겠다고 했다.

딱 봐도 이것은 취학 전후의 또래 아이들이 성공하기 어려운 미션이었다. 양동이 자체가 무겁기도 했지만 물을 넘치기 직전까지 부어주었기에 잔디밭 위를 똑바로 걸으면서 물을 흘리지 않기란 쉽지 않아 보였다. 그렇게 골인 지점까지 온 아이들을 대상으로 다음과 같은 질문을 던졌다.

"왜 물을 제대로 못 옮긴 걸까?"

이 질문에 아이들이 어떻게 대답했을 것이라고 짐작하는가? 대부분의 아이들, 정확하게 퍼센트는 기억나지 않지만 거의 90%에 가까운 아이들이 비슷한 대답을 내놓았다.

"양동이가 너무 무거워요."

"물이 가득 들어 있었어요."

"선이 너무 일직선이라 쉽지 않아요."

"잔디밭이 울퉁불퉁해요."

그런데 정말 몇 명 되지 않는 아이들이 놀라운 대답을 했다.

"제가 처음 양동이를 잡을 때 똑바로 안지 않은 것 같아요. 한 번 더 해보면 할 수 있을 것 같아요."

"제가 출발하기 전에 바닥의 선을 미리 보지 않아서 그랬던 것 같아요."

"처음에 꽉 잡고 천천히 걸었으면 성공했을 것 같은데…."

"제가 팔에 힘이 없어요. 다음에는 잘할 수 있어요."

그 화면을 보는 순간 누가 내 뒤통수를 치는 것만 같았다. 이 아이들의 대답 속에서 무엇이 느껴지는가? 많은 아이들을 대상으로 실험을 진행했음에도 불구하고 정말 몇 안 되는 소수의 아이들만이 그렇게 대답한 것이었다.

전자의 아이들은 자신보다는 환경을, 남을 탓하는 반면에 후자의 아이들은 자신이 실패한 원인을 스스로에게서 찾았다. 이 실험단은 이렇게 참여한 아이들이 성인이 되었을 때 어떤 어른이 되었는지 확인해보았다. 후자의 아이들이 전자 아이들의 삶을 좌지우지하는 사회의 지도층이 되어 있는 것을 확인했다. 한 기업을 이끄는 CEO, 새로운 연구를 이루어내는 과학자 등 자신의 능력으로 세상을 바꾸는 리더들로 성장했음을 확인했다는 것이다.

물론 놀라운 실험 결과였고 나에겐 충격이었으나 이 실험 결과를 굳이 보지 않아도 우린 알고 있다. 늘 남의 탓, 환경 탓을 하는 사람들이 발전하긴 어렵다는 것을 말이다.

나에게 일어나는
모든 일은 내 책임

질문에도 종류가 있다. 남 탓을 하거나 답이 나오지 않는 우문愚問이 있는 반면에 끊임없이 자신을 발전시킬 수 있는, 자신에게 할 수 있는 질문이 있다.

"과장님은 왜 빨리 답변을 안 주시는 거지?"

"우리 회사는 언제쯤 복지 혜택이 제대로 제공될까?"

"아니, 뭔 회사가 이렇게 출근이 빠르고 퇴근은 늦어?"

이렇게 끊임없이 시간을 낭비하게 하고 답도 제대로 들을 수 없는 질문이 있는가 하면 다음과 같은 질문도 있다.

"아침 출근길에 허비되는 시간이 많은데 뭔가 간단하게 할 수 있는 게 없을까?"

"과장님이 나를 어려워하고 불편해 하시는 이유는 뭘까?"

"퇴근할 때 책상을 어떻게 정리하면 내일 아침 기분이 좋을까?"

이렇게 스스로 생각하고 고민하고 발전시키며 그 결과가 좋으면 좋을수록 온전히 자신에게 도움이 되는 멋진 질문들이다.

아마도 처음 회사생활을 할 때 우리는 수만 가지 질문이 떠오를 것이다. '도대체 일은 어떻게 해야 하며, 프로세스는 어떻게 되며, 나의 상사는 어떤 사람일까?' 등의 많은 질문 속에서 혼란스럽기도 하고 답답하기도 할 것이다. 그러나 그 질문에 답해야 할 대상이 나 자신일 때 우린 좀 더 그 문제를 빨리 해결할 수 있고 시간을 낭비하지 않을 수 있다.

규모가 크거나 오래된 회사일수록 견고한 원칙과 규율이 있다. 그것은 안정적인 시스템을 위해 구축해온 그들만의 방식이자 노하우인 것이다. 물론 그것들이 때론 불합리해 이해가 되지 않을 때도 있겠지만 신입사원으로 한두 달 지내보았다고 선배와 상사를, 그리고 회사를 쉽게 판단해서는 안 될 것이다. 개선 없는 비판이 쌓이면 그것은 비난이며 불신이 되어버린다.

아직 우리는 회사를 다 파악하지 못했고, 시스템을 다 이해하지 못했으며, 회사에 대한 온전한 애사심을 가지지 못했다. 그러니 자신이 들어간 회사를 쉽게 판단하지 말자. 누워서 침 뱉기가 될 수도 있다. 간혹 첫날부터 불평을 늘어놓는 신입들이 있는데 그들을 논리적이라고 칭찬하는 사람은 아무도 없다. 신입사원의 불만은 그저 투덜거림으로 여겨질 때가 훨씬 더 많기 때문이다.

자전거 타는 법을 배워본 적이 있는가? 나는 어릴 때 아버지가 뒤에서 의자를 잡아주며 앞만 보라고 하셨던 기억이 난다. 그런데 어느 순간 정말 드라마처럼 아버지가 손을 놓았는데도 나는 계속해서 "아빠! 놓으면 안 돼. 놓으면 안 돼."라고 외치며 혼자 자전거를 탔다. 그러다 페달을 몇 번 돌리지도 못하고 넘어지는 순간, 뒤를 바라보며 아버지를 원망했다.

"아빠! 안 잡으면 어떡해?"

그랬더니 아버지는 이렇게 말씀하셨다.

"끝까지 못 잡은 건 미안해. 하지만 넘어진 건 너의 잘못이야. 앞으로는…."

그때 아버지의 설명을 나는 아직도 또렷이 기억한다. 자전거를 배운 이후부터 혹시나 자전거를 타다가 넘어지게 된다면 그건 나의 잘못이라는 것이다. 절대로 자전거를 탓하거나 주변인을 탓하면 안 된다고 말씀하셨다.

사회생활도 이와 비슷한 것 같다. 나의 아버지는 조금 엄한 편이셨기 때문에 그 큰 이치를 어린 내게 그런 식으로 미리 말씀하신 게 아닌가 싶다. 우리를 힘들게 하는 많은 환경과 그 누군가가 존재하겠지만, 아무리 불만을 가져도 그들보다는 자기 자신에게 질문을 던지고 무엇을 할지 고민하는 것이 훨씬 발전적이라는 것을 기억하자.

'억울하면 성공하라.'라는 말은 지금도 싫어하는 문장이지만 안타깝게도 버릴 수 없는 문장이기도 하다. 당신이 신입이라는 명찰을 달고 있다면, 아직도 회사의 전체 그림을 머릿속에 담지 못했다면 불평불만은 아직 당신의 것이 아니다.

물이 가득 든 양동이 대신 서류철을 잔뜩 든 신입사원이라면 길을 걷다가 들고 있던 서류가 혹시나 후루룩 떨어진다고 해도 남을 탓하지 말자. 일이 많은 회사의 탓도, 일을 한꺼번에 준 상사의 탓도 아니다. 대신 처음부터 서류는 제대로 각을 잡아서 들고, 누군가와 부딪히지 않도록 정신 바짝 차리고 앞을 응시하며, 똑바로 걷되 성급히 걷지 않도록 하자. 삶의 모든 일은 아무도 탓할 수 없다. 결국 당신의 책임이며, 아침에 투덜거리며 향하는 그 회사도 결국 당신의 회사다.

술을 잘 먹는 것보다 더 중요한 것

술이 내게서 앗아간 것보다
내가 술로부터 얻은 것이 더 많다. _윈스턴 처칠

직장에서 만난 동기와 결혼한 친구가 있다. 동기라 하더라도 남자들은 대개 여자들보다 나이가 많다 보니 나는 동기이자 친구의 남편을 '주임님'이라 불렀다. 그래서 그 회사를 떠난 이후에도 나는 그를 '김 주임님'이라 부른다.

어느 날 김 주임님의 근황을 그의 아내인 내 친구에게 묻자, 대뜸 최근에 크게 한 번 싸우고 자기가 엉엉 울었다는 말을 했다. 그분이 워낙 술을 좋아하고 사람을 좋아하는 스타일이라 종종 그로 인해 생긴 부부 싸움 이야기를 들어온 터였다. 그다지 놀랄 만한 일도 아니었지만 그날 친구의 이야기를 듣고는 김 주임님을 다시 보게 되었다.

조직의 막내가 할 수 있는
100가지도 넘는 일

새로운 휴대폰이 출시되자 자신의 휴대폰이 허름해 보였던 김 주임은 자신의 아내, 즉 내 친구에게 휴대폰을 물려주고 자기는 새로운 휴대폰을 구입했다고 한다. 내 친구도 원래 쓰던 것보다는 남편이 물려준 휴대폰이 더 새것이었기 때문에 아무 생각 없이 쓰게 되었다. 그러던 어느 날 내 친구는 모르는 사람에게 문자 한 통을 받았다고 한다.

"저희 ○○주점에서 갓김치를 댁으로 보냈습니다. 맛있게 드시기 바랍니다."

남겨진 이름을 보니 여자였다. 이 문자를 본 내 친구는 오해를 하기 시작했고 그날 회사에서 문자로 수많은 공격의 총알을 남편에게 날렸다. 바쁜 김 주임이 열심히 설명을 해봐도 화가 머리끝까지 난 내 친구는 김 주임이 보낸 모든 문자의 내용이 거짓말 같고 변명 같았으리라. 왜냐하면 휴대폰의 전화번호부를 자세히 살펴보니 술집 전화번호가 한두 개가 아니더란다. 그러니 변명을 듣고 용서해줄 마음의 여유는 애당초 없었던 것이다. 그러나 그날 밤 남편이 해주는 설명을 찬찬히 듣고 나서 내 친구는 남편에 대한 미안함에 얼굴을 들지 못했다고 한다.

김 주임은 그 부서의 막내다. 대리가 되었는데도 아직도 그 부서의 막내였다(신입사원이 들어오지 않거나 한 해를 건너뛰어 뽑지 않는 경우도 꽤 많다 보니 3년 차여도 조직에서 막내인 경우는 허다하다). 막내이기에 누군가가 "오늘 회식이다."라고 하면 예약은 당연히 김 주임의 몫이었다. 성격 급한 상사들을 모시다 보니 1차 예약뿐만 아니라 1차가 끝날 때쯤엔 노래방부터 간단히 술 한잔할 수 있는 회식 장소까지 찾아야 하는 것이다. 김 주임은 근처 후보 장소들의 모든 전화번호를 폴더에 저장해놓은 것뿐이었다.

그의 설명을 다 듣고서야 내 친구가 남편 휴대폰을 다시 한번 살펴보니 ○○노래방부터 ○○삼겹살집까지 폴더 하나가 모두 1차, 2차 장소더란다. 그런데 그중에서도 상사들이 특히 좋아했던 주점을 기억했다가 그쪽으로 2차를 자주 갔던 것이다. 그 주점은 늘 전화로 예약해주는 김 주임이 나름 고마웠나 보다. 그 주점 주인의 고향에서 담근 갓김치를 추석 선물로 집에 보낸다는 예고 문자를 보냈고, 그 문자를 내 친구가 보게 된 것이다.

내 친구는 이성적으로 생각해보면 집으로 선물을 보낸다는 것을 오해한 자기가 조금은 바보 같았다고 말했다. 며칠 후 집으로 배달된 갓김치를 바라보며 친구는 그동안 업무 외에도 많은 것들을 늘 신경 쓰면서 회식에 가서도 2차를 고민하며 밥을 먹어야 했던, 아직도 부서의 막내인 남편이 꽤나 안쓰러웠다고 한다. 김 주임은 완벽하게 일을 처리하고 싶은 마음에 술자리에서 일어나는 모든 일을 일의 연장이라고 느꼈을 것이다. 김 주임의 성격을 잘 아는 내 친구가 남편의 마음을 이해하게 된 순간이었다.

술자리, 그리고
다음 날을 대하는 자세

술을 한 잔도 못 마시는 사람들이라면 술자리가 괴로울 것이다. 취하지 않은 채 취한 사람들을 바라보는 것은 여간 곤욕스러운 일이 아니다. 하지만 반대로 술을 한 잔도 못하는 사람들을 데리고 술자리에 가는 것도 마냥 즐거운 일은 아니다. 즐겁게 마시고 흐느적거리는 모습을 취하지 않은 사람들이 다 기억하고 있다고 생각하면 술을 마시는 입장에서도 마음이 편하진 않다.

그러니 술을 전혀 못 마신다고 하더라도 조금은 풀어진 모습으로 술 마신 사람들과 어울릴 수 있는 융통성을 발휘하길 바란다. 팀원들이 다행히 술을 못 마시는 사람들이라면 운 좋게 그런 시간을 보내지 않을 수도 있겠지만, 아직도 우리나라 직장인들은 술을 마시지 않는 쪽보다는 마시는 쪽이 훨씬 더 많지 않은가?

술에는 안 취하지만 사이다에는 취한다고 말하면서 사이다를 홀짝홀짝 마시며 술 취한 사람들보다 더 즐겁게 가무를 즐기던 친구가 있었다. 예의상 같이 술을 마시기는 해야 할 것 같아서 술자리에 가기 전 술에 취하지 않는 드링크제를 마시고는 술자리 내내 술과 물을 번갈아 마시며 화장실만 수없이 왔다 갔다 했던 후배도 있었다. 또 어디서 들었는지 술을 마시고 아이스크림을 먹으면 술이 빨리 깬다는 말에 1차에서 2차로 장소를 바꿀 때면 한겨울에도 아이스크림으로 입 안을 꽁꽁 얼리며

3차, 4차 끝까지 따라왔던 인턴도 기억이 난다. 그러다 보면 선후배들과의 좋은 기억, 안 좋은 기억이 때로는 그 시간을 함께 공유했다는 이유만으로 멋진 추억거리가 되기도 한다.

술을 한 잔도 마시지 않기에 흐트러진 모습을 한 번도 보여주지 않은 사람보다는 자신만의 방식으로 술자리를 정면으로 맞이하는 사람이 훨씬 더 인간적이고 매력적이다. 물론 개인적으로는 그런 사람과 더 친해지고 싶은 마음이 들기도 한다. 술 취하는 것을 조금 방지해주는 드링크제도 먹고, 술자리에서 안주와 물도 열심히 먹고, 중간에 바람을 맞으며 아이스크림도 먹으면서 술자리를 맞이할 수도 있는 것이다. 그 모든 방법을 동원해도 취할 것 같으면 다음 날 출근을 위한 알람을 술자리에 가기 전 10개 정도 진동이 아닌 벨소리로 맞추고는 휴대폰을 잃어버리지 않도록 애쓰자.

그 어떤 강한 술자리가 있었어도 마지막까지 지켜야 하는 원칙은 다음 날 지각하지 않는 것이다. 전날 술자리로 인해 정신없이 출근을 했는데 언제 술자리가 있었냐는 듯이 멀쩡하고 말쑥한 모습으로 출근해 자리에 앉아 있는 선배들이 있다. 그러면 당신은 자신이 가장 젊은데도 체력은 가장 바닥이라는 것을 느끼게 될 것이다. 그리고 그들이 선배인 이유는 먼저 회사에 입사했다는 이유만 있는 것이 아님을, 사회의, 인생의 선배임을 동시에 느끼게 될 것이다.

참고로 그 김 주임이 부서에서 강한 신뢰를 받고 있는 이유는 그렇게 늘 술자리에서 막내의 역할에 최선을 다하면서도 다음 날 가장 먼저 출근해 선배들을 맞이하는 노력을 게을리하지 않았기 때문이다. 결코 쉽지 않은 능력이다.

모든 사람이 술 좋아하고 선배 좋아하고 사람 좋아해서 술자리에 참석하는 것은 아닐 것이다. 설사 술자리를 좋아하지 않아도 선배들이 함께하자고 하는 술자리는 가는 것이 맞다. 딱딱한 사무실에서 나눌 수 없는 이야기가 편안하면서도 낯선 장소에서 나올 수도 있다. 또한 꽉 맨 넥타이에 목 끝까지 잠근 와이셔츠를 입고서는 나올 수 없는 조언과 경험담이 조금은 헐렁하게 맨 넥타이와 단추 하나 정도는 푼 와이셔츠 차림에서는 시원스럽게 나올 수도 있다.

물론 술자리에서 지켜야 하는 몇 가지 원칙들은 있다.

- 자신의 주량을 꼭 기억해서 실수하지 않도록 한다.
- 마음에 들지 않는 술자리라 하더라도 겉으로 절대 티 내지 않는다.
- 아무리 술을 많이 마셔도 다음 날은 일찍 출근한다.

이 원칙을 지킬 수 있다면 술자리에서 더 많은 신뢰를 쌓을 수도, 더 많은 피드백을 받을 수도 있다. 나름 술이 센 선수들은 강한 정신력을 뽐낼 수도 있으니 술자리를 단순히 한 번의 식사 자리쯤으로 취급하지

않길 바란다. 그리고 자신이 조직의 막내라고 생각한다면 다음 몇 가지
는 꼭 명심하자.

- 회사 주변 회식 자리의 전화번호는 허둥대며 검색하지 않도록 미
  리 휴대폰에 저장한다.
- 술자리에서는 문에 가까운 자리에 앉아 원활한 주문을 돕는다.
- 술자리에서 취하는 것도 나쁘지 않겠지만 예의 갖춘 모습을 보이
  도록 최대한 노력한다.

선배가 후배에게 들려주는 조언

김종욱 사원(채팅캣 스타트업 업무)

인턴기자가 되기 위한 면접과 다른 언론사에서 정식 기자가 되기 위해 봤던 면접, 2번의 기회를 통과한 뒤 주변 사람들에게 가장 많이 받은 질문은 "어떻게 면접에 통과했어?"였습니다. 또 회사에 들어가서 들었던 공통적인 이야기는 "면접에서 어떻게 그렇게 당당할 수 있지?"였습니다.

다양한 면접 경험을 가지진 못했지만 그래도 이 순간 혹시 취업을 준비하는 후배가 있다면 '당당함'이 면접관에게 얼마나 긍정적인 인상을 남기는지에 대해서만큼은 강조하고 싶습니다.

면접의 전제는 '우리 조직과 함께 일할 사람'을 새로 받아들이는 일이 기본적으로 무척 어려운 과정이라는 것입니다. 업종에 따라 다르겠지만, 구직자는 면접을 통과했을 경우 면접관 본인 혹은 그와 관계된 기존 구성원들과 매일 하루 8시간 이상을 보내야 할 사람입니다. 이는 사람을 쉽게 채용하지 못하는 다양한 이유 가운데 한 가지입니다. 이윤추구 등 기업의 특성을 제외하고 생각해도 채용은 까다로울 수밖에 없습니다. 서로 다른 사람들끼리 매일 함께 시간을 보내는 일은 결코 쉬운 일이 아니니까요.

그런데 이 점을 오히려 낙관적으로 바라봤던 것이 제가 당당할 수 있었던 이유였습니다. 면접 때마다 '원래 면접이란 통과하기 어렵다. 떨어지는 건 당연하다.'라고 생각했습니다. 그래서 면접장에선 '내가 최고다.'라는 생각으로 말하고 행동했습니다. 어차피 떨어질 가능성이 크다면, 차라리 당당하게 행동해서 미련을 남기지 않겠다는 전략이었지요.

결과적으로 저에겐 아주 효과적인 방법이었습니다. '어차피 불합격할 것, 그냥 즐기고 오자.'라는 생각을 계속 머릿속에 되뇌었기에 떨림을 당당함으로 이겨낼 수 있었습니다. 이 방법이 누구에게나 적용되는 만병통치약은 아니겠지만 여러분이 면접장에서 지금까지 했던 것보다는 더 가슴을 펴고 그 순간을 즐길 수 있기를 바랍니다.

물론 이런 난관을 거쳐 신입사원이 되었을 때도 어려움은 늘 있습니다. 하지만 신입사원 시기의 어려움을 수월하게 버티기 위한 한 가지 팁은 그 시기의 모든 경험을 '배움'과 '학습'의 재료로 삼는 태도입니다. 사회에서 만난 선배 한 분이 저에게 이런 말을 한 적이 있습니다. "나는 회사를 정말 고맙게 생각한다. 대학 다닐 때까진 내가 돈을 내고 뭔가를 배웠는데, 회사에선 내가 돈을 받으면서도 배움을 얻을 수 있으니까."

처음엔 저도 이런 생각에 반감이 들었습니다. '힘들어 죽겠는데 배우긴 뭘 배운단 말인가!' 하는 생각이 들었던 것이죠. 하지만 시간이 지나고 나서 되돌아보니, 배움이라는 것이 학교 수업을 통해서만 가능한 게 아니라 직장에서도 다양한 형태의 경험을 통해 가능하다는 것을 깨달았습니다.

타인과의 경험을 통해 이루어지는 배움과 학습은 거칠게 나누면 2가지 방향입니다. '나도 저렇게 해야지.'라는 방향과 '나는 저렇게 하지 말아야지.'라는 방향으로요.

'나도 저렇게 해야지.'의 예시가 되는 선배를 발견했다면 무슨 수를 써서라도 그 선배와 친분을 쌓도록 노력해보길 바랍니다. 실력으로든 인격으로든 여러분의 마음을 사로잡은 선배라면, 그분에겐 분명 남들에게 없는 특별함이 있다는 뜻입니다. 그리고 여러분이 발견한 그 특별함은 다른 사람도 느끼는 특별함

일 가능성이 큽니다. 그 점을 따라 하고 배우시길 바랍니다. 1년, 2년, 시간이 지나면 여러분도 미래의 후배들에게 그런 특별한 선배로 다가갈 수 있을 것입니다.

'나는 저렇게 하지 말아야지.'의 예시가 되는 선배를 발견했다면, 역시 그 선배의 어떤 점이 여러분을 그렇게 불쾌하게 만드는지 관찰하고 분석하며, 그 점을 여러분의 사고방식과 행동양식에서 배제하도록 노력해보길 바랍니다.

인간의 본성이 생각보다 훨씬 권력 의존적이라 상하관계가 양쪽으로 생기는 순간 대부분의 평범한 사람은 윗사람에게 억눌렸던 내면을 자기도 모르게 아랫사람에게 분출합니다. 그런 모습을 보면서 신입인 우리는 '저 선배는 대체 왜 저래.'라고 생각하게 되는 것이죠. 그럴 땐 그렇게 되지 않겠다는 다짐과 학습의 기회로 삼길 바랍니다. 1년 뒤 여러분의 모습이 지금 동기들과 술안주 삼는 그 선배의 모습과 같지 않기를 바라면서요.

한 가지 더! 잠들기 전에 스마트폰을 멀리하세요. 잠들기 직전 스마트폰 사용이 깊은 수면을 방해하고, 자연스럽게 다음 날 오전 업무에 악영향을 줍니다. 오전의 저조한 성과는 오후 업무에, 오후 업무의 부족함은 야근으로 악순환을 일으킵니다. 가끔 신입사원의 시간이 악순환이라는 생각이 들 때가 있습니다. 잠들기 30분 전에 스마트폰을 들여다보지 않는 습관이 적어도 악순환의 고리 한 개 정도는 끊어줄 것입니다.

2장

일,
어떻게 잘할 수
있을까?

알고 있다고 생각하지만 실천할수록 더 어렵다고 느껴지는 것들이 있다. 출근시간 지하철을 가득 채우는 대부분의 직장인들, 사원·대리·차장·부장, 모두 일을 하러 간다. 땡땡이로 사우나를 즐기는 일부를 제외하고 그들은 모두 퇴근 전까지 일을 한다. 그중 누군가는 상사에게 인정을 받지만 누군가는 그저 일만 한다. 상사의 인정은 어디에서 비롯될까? 당연하게 들리겠지만 직장에서의 인정은 '일'에서 비롯된다. 그렇기 때문에 우리는 일을 잘한다는 것이 어떤 것인지 늘 고민해봐야 한다.

상사와의 대화를 위한
사소한 출발

상사와 '통'하려면 우선 그와 '통'할 거리를 찾아야 한다.
관심을 가지고, 시간을 두고 열심히 그를 관찰해볼 일이다.

『아내가 결혼했다』라는 소설을 읽은 적이 있다. 영화로도 제작되었지만 워낙 책을 재미있게 읽어서 혹시나 영화로 보면 실망하진 않을까 하는 마음에 책만 여러 번 읽었던 기억이 있다.

그 책에는 이런 장면이 나온다. 남녀 두 주인공은 축구광으로, 여자 주인공은 스스로를 '바르샤'라고 칭하는 스페인의 FC 바르셀로나 광팬이고, 남자 주인공은 라이벌인 레알 마드리드의 열렬한 팬이다. 어느 날 이 둘은 축구 경기를 관람하다가 두 팀의 경기 역대 전적에 대한 토론을 벌이게 된다.

"지금까지 레알하고 바르셀로나하고 143회 맞붙었는데 레알이 63승

25무 55패로, 무려 8승이나 더 앞서 있다고.”

“그건 프리메라리가 전적만 그래. 축구 시합이 프리메라리가밖에 없어? 스페니시컵도 있고 챔피언스리그도 있고 친선 경기도 있어. 그런 거다 합치면 지금까지 바르샤하고 레알이랑 한 시합은 143경기가 아니라 221경기야. 그리고 역대 전적에서 바르샤가 92승 46무 83패로 앞서 있다고.”

신문에서 본 ‘역대 전적’이라는 말이 프리메라리가 전적에만 해당되는 것이었는지 몰랐던 남자 주인공은 도대체 그 기사는 누가 쓴 것인지 어이없어 하며 꿀 먹은 벙어리가 된다.

‘역대 전적’이라는 이 말 하나에도 우리는 서로 다른 그림을 그리고 서로 다른 이야기를 한다. 사랑하는 연인 사이에서도 뜻이 통하지 않는 말들이 다반사인데 서로 아끼는 가족도 아니고 연인도 아닌 상사와, 그것도 나를 힘들게 하는 상사와 말이 통한다는 것은 힘든 일이다.

상사를 좀 알아야
‘시작’을 할 수 있다

퇴근할 때 ‘일지’를 쓰라고 한 외국인 상사가 있었다. 부서원 모두에게 그날그날 자신이 한 일에 대해 일지를 쓰라고 한 것이다. 사실 하나의 프로젝트를 진행하다 보면 그 기간이 일주일이 걸릴 때도 있고 한 달이 걸릴 때도 있는데 일지를 쓰라고 하니 어떤 날은 무엇을 써야 할지 암담할 때가 있었다.

월요일에 'A 프로젝트 시작'이라고 쓰고 화요일에 'A 프로젝트 진행 중'이라고 쓰고 수요일, 목요일도 계속 그 프로젝트가 진행 중이라는 말만 쓰자니 도대체 일지는 어떻게 쓰는 건지 아무나 붙잡고 물어보고 싶었다. 하지만 나의 행동이 딱히 잘못이라는 생각은 하지 않던 어느 날 외국인 상사가 날 부르더니 이렇게 말하는 것이었다.

"일지라는 것은 중간보고와도 같습니다. 매일매일 중간보고를 하기가 번거롭다 보니 일지를 쓰는 것이죠. 수시로 보고하지 않더라도 일의 진척 상황을 서로 알 수 있기 때문입니다. A 프로젝트가 완성될 때까지 기간이 얼마나 걸립니까? 만약 10일이 걸린다면 하루가 지났을 때 몇 퍼센트가 완성되는지를 서로 알아야 하지 않을까요? 어느 날은 10%의 진척이 나갔을 수도 있고, 어떤 날은 쉽지 않은 문제에 부딪혀 단 1%의 진척도 나타나지 않을 때도 있습니다. 그럼 그 문제를 간단히 요약해서 알려주는 것도 일지입니다. 즉 일지는 상황에 대해 서로가 확인하는 중간보고와도 같다는 뜻이죠. 당신이 무슨 일을 하고 있는지 상사인 저도 잘 알고 있습니다. 단지 얼마나 진행되고 있는지가 궁금할 뿐입니다."

그에게 일지는 '중간보고'였다. 그 상사의 스타일인 것이다. 즉 상사들마다 원하는 일의 방향이 있다. 우리는 그것을 찾아내야만 그들과 소통할 수 있다. 상사가 선호하는 단어가 있고 상사가 좋아하는 보고의 방향이 있다는 것을 명심하자.

상사가 어떤 식으로
말하는지 살펴보자

그렇다면 상사와 '통'하기 위해 우리는 어떤 노력부터 시작해야 할까? 먼저 상사와 통하려면 열심히, 아주 열심히 상사를 관찰해야 한다. 비단 상사를 대할 때만이 아니다. 예를 들면 요즘 대화하기 가장 힘든 상대를 한 명 골라 머릿속으로 떠올려보자. 상사여도 좋고, 친구여도 좋고, 애인이어도 좋다. 말이 통하지 않아 나를 힘들게 하는 한 사람을 떠올렸다면 평소 그 사람이 자주 쓰는 말이나 단어를 공책에 한 번 써보자. 시간 제한은 1분이다!

1분 동안 몇 개를 쓸 수 있는가? 만약 1분 동안 5개 이상을 썼다면 당신은 평소 상대와 소통하기 위해 노력하고 있는 것이다. 적어도 그 사람과 통하기 위해 애쓰고 있다는 의미다. 3~4개를 썼다면 당신은 그들과 소통하고 싶지만 아직은 열심히 노력하지 않은 상태다. 특히 그 상대가 상사라면 오늘부터라도 그가 어떤 이슈에 관심이 있고, 어떤 스타일로 보고하는 사람들을 칭찬하며, 어떤 단어를 많이 쓰는지, 또 어떤 TV 프로그램을 시청하는지 관찰해보고 답을 찾아보면 좋을 것이다.

1~2개조차 쓰는 것이 힘들었다면 당신은 상대방만 탓하고 있는 셈이다. 상대가 자신에게 맞춰주기를 바라기 전에 당신이 먼저 상대와 통할 수 있는 노력을 시작해야 한다. 그래야 상대방과의 관계가 발전할 수 있다. 상대에게 관심을 가지면 당연히 그 사람의 어투, 관심사, 습관 등

이 보일 것이고 자신과의 공통점도 찾게 된다. 그러면 이야깃거리도 많아지고 서로 간의 이해도 깊어지게 된다. 경험이 부족한 신입사원은 자신보다 경험이 많은 상대와 이야기해야 할 때가 많기 때문에 뭔가를 배우고 싶다는 진심을 담아 상대에게 다가가려는 노력을 해야 한다.

우리가 늘 마음에 담고 있어야 하는, 전제되어야 하는 사실 하나가 있다. 그것은 우리가 이 많은 것을 열심히 연습하고 고민하고 실천해야 하는 이유이기도 하다. 사회생활을 하다 보면 우리는 종종 우리보다 더 논리적이고 이성적이고 능력이 뛰어난 사람을 만나기 마련이라는 점이다. 그 어떤 관계와 감정에도 흔들리지 않는 강적들을 만나게 된다. 그러니 무슨 노력을 해도 상대는 똑같다고 말하는 것은 변명에 불과하다.

'내가 제대로 된 커뮤니케이션을 할 준비를 갖추고 능력을 쌓는다면 그들도 내 이야기를 이성적으로 판단할 것이다. 때론 감정적으로 듣더라도 결국 올바른 결론을 내릴 것이다. 그리고 나의 노력을 있는 그대로 받아들여줄 것이다.'라는 마음가짐으로 이러한 모든 전술을 익혀야 한다. 그것이 신입으로서 세상을 바라보는 관점이다. 그러니 강적을 만났을 때는 그와 가까워질 수 있도록 통하는 길을 찾아보자.

자, 지금 당장 대화가 통하지 않는 단 한 사람을 떠올려보자. 그리고 혹시 곁에 있다면 관심을 가지고 관찰해보자. 그 사람은 평소 어떤 화제의 이야기를 많이 하는지, 어떤 것을 주로 칭찬하며 싫어하는 것은 왜 싫어하는지, 어떤 스타일의 사람들과 즐겁게 대화하는지 조금만 관심을 가지고 그와 통할 수 있는 것들을 찾아보자. 어떨 때 긍정적인 반응을, 어떨 때 부정적인 반응을 하는지를 말이다. 분명 그와 통하는 큰 길이 보일 것이다.

중2 학생이 아빠에게 용돈을 받아내는 방법

커뮤니케이션은 우리의 직장생활을 헤매게 하고 지치게 한다.
이 미로에서 효과적으로 나갈 방법을 찾아야 한다.

사회생활을 하면서 힘들고 어려운 것 중에 하나가 커뮤니케이션이 아닐까 싶다. 의미의 범위도 방대하고 많은 것을 포함하지만 어찌되었든 기본이다. 커뮤니케이션을 어느 정도 할 줄 알아야만 대화도 하고 회의에도 참여하며 때론 설득도 가능하다. 그런데 이게 참 어렵다. 정답인가 싶어 써먹으면 이 사람에겐 먹히는데 저 사람에겐 또 안 먹힌다.

그렇다면 효과적인 커뮤니케이션은 무엇일까? 소통이 되는 커뮤니케이션? 아니면 목적을 이루는 커뮤니케이션? 도대체 비즈니스에서 효과적인 커뮤니케이션은 어떤 것일까?

다음과 같은 상황을 가정해보자. 중학교 2학년생인 아들이 늘 월초에 아버지에게 용돈을 받았는데, 하필 이번 달은 일주일을 남기고 용돈이 다 떨어져 할 수 없이 용돈을 더 받아내야 하는 상황이다. 요즘 중2병이 라는 말이 있지 않은가? 그렇게 사춘기를 맞이한 중학교 2학년생이 아 버지와 대화를 해야 하는 상황인 것이다. 어떤 방법을 써야 용돈을 무리 없이 받아낼 수 있을까? 중학교 2학년생으로 감정이입을 하면서 어떤 방법을 쓸지 생각해보자.

자신에게 맞는 방법과
상사에게 맞는 방법은 다르다

강의장에서 성인 교육생들에게 위와 같은 질문을 하면 다음과 같은 답 들을 제시한다.

"문제집을 산다고 합니다."

"학원비를 낸다고 합니다."

"학교에 제출할 회비가 있다고 해요."

"독서실 다니고 싶다고 하면 안 될까요?"

이런 방법들은 조금의 거짓이 섞여 있긴 하지만 보통의 정상적인 아 들의 모습을 보여주는 방법이다.

"차를 닦아드립니다."

"구두를 닦아드리고 용돈을 받으면 좋지 않을까요?"

이런 방법은 노동의 대가로 용돈을 받겠다는 건강한 아이디어다.

'애교를 부린다.', '솔직하게 말로 설득한다.', '아빠의 약점을 잡는다.', '가불해달라고 한다.', '지갑에서 몰래 가져간다.' 등 시간이 갈수록 아이디어의 내용은 점점 우스워지지만, 그 어떤 방법이든 일단 생각이 났다면 다음 단계로 가보자.

그럼 이런 방법들을 언제 쓸 것인가? 월급날? 아버지가 기분 좋은 날? 아버지와 함께 목욕탕에 간 날? 가족적인 분위기에서 외식한 날? 지각하기 직전이라 급하게 집을 나서시는 순간이나 너무 피곤하셔서 주무시기 직전의 순간? 아니면 술이 거하게 취하셔서 무슨 이야기를 해도 통과될 것 같은 날?

그럼 지금부터 생각해보자. 나열된 많은 방법들 중 자신이 쓸 수 있는 방법이 있고 차마 쓸 수 없는 방법이 있을 것이다. 문제집이나 학원비, 학교 회비에 쓴다는 방법은 증거를 확인하지 않는 아버지라면 상관없지만 확인증을 가져오라고 한다거나 이를 증명해줄 무엇인가를 필요로 하는 아버지라면 제출할 증거가 있어야 할 것이다. 문제집을 산다고 한다면 하다못해 앞, 뒤, 옆으로 주인의 이름이 쓰여 있지 않은 친구의 문제집이라도 준비해야 할 것이다.

차를 닦거나 구두를 닦는 것도 평소에 아버지가 좀 지저분한 분이라면 그럴 기회가 생길 수도 있다. 그렇지만 워낙 깔끔하신 데다 본인의 물건에 함부로 손대는 것을 좋아하지 않는 까칠한 아버지라면 이 또한 쉽지 않을 수 있다. 애교는 당신이 딸이라면 가능하다. 행여나 아들이라면 이런 방법은 되도록 쓰지 말도록 하자. 수염이 거뭇거뭇한 다 큰 아들이 애교를 부리면 자칫 역효과가 날 수도 있다.

남자 대 남자로 솔직하게 말해본다는 것은 진심을 건드려보자는 시도인데 대화가 통하는 쿨한 아버지라면 이 또한 가능하다. 하지만 권위를 중요하게 생각하는 아버지라면 이는 생각과는 다른 결과를 가져올 수 있다.

아버지의 약점을 잡는다는 방법은 시간이 많이 걸릴 수 있다. 아버지와의 시간을 많이 보내지 못하는 중2 학생으로서 아버지의 약점을 하나라도 찾으려면 얼마나 많은 노력이 필요하겠는가? 또한 자칫하다가는 잠자는 사자의 코털을 건드리듯이 아버지의 참을성의 한계를 시험하게 되는 상황이 될 수도 있다.

"아빠! 지난번에 아빠가 실수로 엄마가 아끼는 핸드백에 흠집 내시는 거 봤어요. 비밀 지켜드릴 테니 용돈 좀 더 주세요!"

"그래? 그럼 너도 지난번에 엄마 옷에 케첩 튀긴 거 입 다물고 동생한테 뒤집어 씌웠지? 내가 그 진실을 엄마에게 밝히마!"

물론 이렇게까지 하는 부모와 자식 관계는 없겠지만, 어찌되었든 자신의 약점이 없어야 자신 있게 행할 수 있는 방법이다. 마지막으로 가불해달라는 제안은 멋진 거래일 수도 있다. 순순히 이 거래에 응해주는 아버지라면 얼마나 좋겠는가? 그런데 가불을 부탁하는 순간 아버지가 이렇게 말씀하실 수도 있다.

"그래 아들아, 네가 돈이 필요하다고 하니 내가 다음 달 용돈에서 미리 가불을 해주마. 아니, 가불이 아니라 그냥 줄 수도 있어. 대신 다음 달에 치르는 중간고사 성적을 올려라. 그럼 지금 주는 돈은 보너스라 치겠다. 그런데 만약에 이렇게 용돈까지 더 챙겨줬는데 성적이 내려가면 그 다음 달 용돈은 없는 걸로 하자. 어떠냐?"

그야말로 강적인 아버지를 만난 것이다. 거래를 하고자 했을 때 상대는 더 강한 거래를 제안할 때가 있으니 그땐 결국 예상 밖의 결론이 나는 것이다.

자신의 말에는 자신만의
전략이 있어야 한다

이렇게 하나하나 자신이 할 수 있는 방법, 아버지에게 가능한 방법, 즉 현 상황을 파악하다 보면 방법은 한두 개밖에 남지 않을 수도 있다. 그러면 그다음은 그 방법을 쓸 수 있는 때를 생각해야 하는데, 구두를 닦거나 차를 닦는 방법은 아버지가 급하게 출근하시는 날에는 티가 나지 않을 수 있다. 방법에 따른 적절한 시기가 아닌 것이다.

아버지와 함께 목욕을 갔거나 가족행사에서는 아버지의 약점을 잡거나 하는 행동은 절대 삼가야 한다. 또 아버지가 술에 만취하신 날에는 나누었던 대화 내용을 기억하지 못할 수도 있으며, 너무 피곤해 주무시기 직전 문제집이 필요하다고 한다면 그걸 왜 지금 말하냐며 눈치 없는 자식이 될 수도 있다. 잠들기 전 이불을 살포시 덮는 그 순간이 우리 아버지들에게는 더할 나위 없이 행복해 내일 아침이 되기 전까지 절대로 움직이고 싶지 않은 순간이기도 하니까 말이다.

어떤가? 생각했던 방법을 써먹을 수 있는 적절한 타이밍을 찾았는가? 아버지에게 용돈을 받아내는 방법이 하늘의 별따기만큼 어렵게 느껴질 것이다. 누군가와 대화를 시도하고자 할 때 자신이 원하는 것을 얻기 위해 이처럼 매번 작전을 짜야 한다면 얼마나 피곤하고 힘들겠는가? 그러나 적어도 조직에서 자신이 누군가를 업무적으로 설득시키고 말이 통할 수 있도록 전달하려면 작전이 있어야 한다. 그리고 그 작전의 1단계는 언제나 자신과 상대에 대한 파악이다. 이는 아들이 아버지에게 용돈을 받아내는 절차와 절대 다르지 않다. 열심히 상대와 자신을 알아내려고 노력하고 스스로 할 수 있는 방법을 선택하며 그에게 통할 것 같은 말을 시기적절하게 건네야 한다.

가장 자신 있는 방법은 무엇인지, 자신의 제안이 타당성이나 근거를 가지고 있는지 끊임없이 살펴야 한다. 또한 자신의 상사는 어떤 방법을 좋아하는지, 어떤 내용에 관심을 표현할지, 혹시 이런 말을 하면 더 강력한 제안을 해오지는 않을 것인지에 대한 고민도 해야 한다. 그리고 그것을 어떤 타이밍에 말하는 것이 좋을지, 타이밍을 자신이 정할 수 없다면 상사가 원할 때 준비한 것을 정확하게 전달할 수 있을지 생각해 봐야 한다.

효과적인 커뮤니케이션을 위한
몇 가지 조건

효과적인 커뮤니케이션이란 무엇인지 정리하면서 다음의 3가지 조건을 떠올려보자.

첫째, 먼저 목적을 이루어야 한다. 아들의 목적은 용돈을 받아내는 것이다. 아버지의 목적은 때마다 다르겠지만 용돈을 주는 아버지에게도 목적은 분명 있다. 자상한 아버지로 보이고 싶을 수도 있고 아들을 기쁘게 해주고 싶을 수도 있다. 이 또한 용돈을 주고 있는 아버지의 목적인 것이다. 서로의 목적이 이루어지도록 진행되는 것이 효과적인 커뮤니케이션이다.

둘째, 즐거워야 한다. 서로 이야기가 끝난 후 어느 한 편이 찝찝한 마음이 들거나 기분이 상했다면 그건 효과적으로 커뮤니케이션을 했다고 말할 수 없다. 효과적인 커뮤니케이션은 대화가 끝났을 때 설득으로 목적을 이루었든, 뭔가의 설명을 이해했든지 간에 마음에 불편함이 없어야 한다.

셋째, 제3자의 피해자가 생기면 안 된다. 이 원칙은 조직에서 정말 중요한 포인트다. 예를 들면 아들이 아버지에게 가불해달라고 했을 때 최근에 성적이 떨어진 나로 인해 갑자기 아버지가 어머니를 부르더니 "애 성적은 당신이 신경 써야지." 하며 애꿎은 잔소리를 하거나, 아버지의 지갑에서 돈을 몰래 꺼내가는 모습을 보신 아버지가 어머니에게 "자식 교육을 어떻게 시킨 거야!"라며 마른 하늘에 날벼락 같은 고함을 칠 수 있다. 이것은 내 목적을 이루지도 못할 뿐더러 마음의 준비도 없던 어머니에게는 힘든 순간이 되지 않겠는가?

회사생활은 그 파장이 가정보다 훨씬 넓어서 당신은 당신의 의도와 상관없이 누군가에게 피해를 줄 가능성이 매우 높다. 당신이 휴가를 내면 누군가는 일거리가 갑작스럽게 많아질 수도 있고 당신이 누군가의 능력을 높이 사서 그를 사심 없이 추천했으나 정작 당사자는 그러한 추천이 전혀 반갑지 않을 수도 있다. 당신은 아무런 의도 없이 한 커뮤니케이션이 누군가에게는 괴로움이 될 수도 있다는 것을 잊지 말아야 한다.

리더들의 83%가 커뮤니케이션 소통에 어려움을 겪는다는 연구결과가 있다. 신입사원에게만 해당되는 힘든 문제가 아니라는 말이다. 물론 앞에 제시한 내용 이외에도 효과적인 커뮤니케이션의 원칙은 많다. 커뮤니케이션에는 스피치 능력도 포함되고 상대와의 관계도 무척 중요하다. 그래서 효과적인 커뮤니케이션의 정의는 학자들마다 다를 수 있지만 자신만의 원칙은 만들 수 있을 것이다.

따라서 즐겁게 목적을 이루고 피해자가 없으면 좋다는 정의도 효과적인 커뮤니케이션을 이루는 데 좋은 전략 내지는 방향이라고 여기길 바란다. 물론 무엇보다 중요한 것은 실천하려는 의지다. 즉 효과적인 커뮤니케이션의 수많은 정의보다 중요한 전략은 업무에 대한 진지함과 커뮤니케이션에 최선을 다하고자 노력하는 진정성이다.

 TIP! 효과적인 커뮤니케이션을 위한 사소한 몇 가지

① **목적이 무엇인가?**

비즈니스 커뮤니케이션에는 반드시 목적이라는 것이 있다. 당신의 말에도 목적이 있지만 상대에게도 당신과의 대화 속에서 얻고자 하는 목적이 있다. 자신의 목적과 상대의 목적을 인식하고 대화의 방향을 설정해야 한다. 상사에게 보고할 때도 이것은 설득을 위함인지, 설명을 위함인지 명확하게 목적이 있어야만 방향이 설정된다. 보고를 받는 상사에게도 분명 목적이 있을 것이다. 따라서 상사의 입장에서 목적을 생각해보고 서로의 목적이 이루어지는 방향으로 대화를 이끌어야 성공적인 보고를 할 수 있다.

② **즐거운가?**

모든 대화의 원칙은 즐거움이 있어야 한다는 것이다. 유머를 강조하는 게 아니라 서로가 즐거우려면 대화에서 놓치는 것이 없어야 하고 장황함이 없어야 한다. 대화가 끝났을 때 찜찜함이 남아 있지 않도록 꼼꼼히 준비해야 하며 쓸데없는 말들을 반복적으로 하지 않아야 한다. 말의 중요도를 체크해 번호를 매기는 것도 좋은 방법이 될 수 있다. 이야기의 포인트를 3가지로 압축하고, 강조하고 싶은 포인트는 더 많은 시간을 들여 예시도 적절히 활용한다. 또한 각각의 포인트가 3분을 넘기지 않으면 장황함을 방지할 수 있다. 마지막으로 상대가 질문을 할 때 언제나 질문에 대한 정확한 결론, 즉 답변부터 하는 습관을 가질 수 있다면 그 대화는 물 흐르듯 흘러 즐거움을 줄 것이다. 간략하게 정리하면 아래와 같다.

- 3가지의 내용으로, 각 내용이 3분을 넘기지 않도록 한다.
- 중요도 순서로 번호를 체크해 주제에서 벗어나지 않도록 한다.
- 질문이 들어오면 언제나 질문에 대한 답변을 먼저 한다.

③ 제3자의 피해자는 없는가?

순간을 모면하기 위해 누군가를 개입시키거나 쓸데없이 누군가의 험담을 하거나 불필요하게 비교하는 말 등은 삼가도록 한다. 그런 대부분의 말은 대화를 삼천포로 빠지게 하거나 자신의 이미지를 깎아내린다. 또한 그런 대화는 부메랑처럼 돌아와 자신에게 피해를 줄 수도 있다.

친근한 과장님과의 대화, 이웃집 형과의 대화

역사를 움직인 성인들과 리더들의 말에는 특징이 있다.
그들은 많은 말보다 진한 말을 기억에 남게 전달한다.

회사에서 커뮤니케이션을 잘하기 위해서는 평소 본인의 커뮤니케이션 습관을 살펴볼 필요가 있다. 평소에 친구들이나 가족들에게 제대로 의사를 전달하지 못하거나 의견을 나누지 못하는 사람이라면, 훨씬 더 복잡하고 조직적인 회사에서의 커뮤니케이션 역시 제대로 하지 못할 가능성이 높다.

먼저 기본적인 커뮤니케이션 능력을 갖추어야 응용이 가능한 법이다. 평소에 커뮤니케이션을 제대로 하는지 하지 않는지는 간단한 실험을 통해서도 확인할 수 있다.

이런 실험을 한번 해보자. 여러분의 이야기를 들어줄 6명의 친구나 가족 혹은 동료가 함께 모였을 때 복잡하지 않은 풍경화 한 점을 그들이 보지 못하도록 몰래 준비해보자. 예를 들면 그림에는 두 봉우리의 산이 있다. 조금 뾰족하지만 크기가 같은 2개의 산이 뒤쪽에 펼쳐져 있고 한쪽 귀퉁이에는 해가 떠 있다. 앞에는 논밭이 있고 벚꽃나무가 흐드러지게 피어 있는 시골길도 있는데, 그 길은 원근법으로 표현되어 멀리 아주 작은 자전거 한 대가 가로수 옆에 기대어져 있다. 이런 아름다운 풍경화를 한 점 준비하는 것이다.

자, 이 그림을 눈으로 확인한 다음 앞에 있는 6명에게는 그림을 보여주지 않은 채 오로지 당신의 설명만으로 그들이 그림을 그릴 수 있는지 실험해보는 것이다. 당연히 시간의 제한이 있어야 한다. 시간은 1분으로 제한한다. 만약 1분 동안 당신이 그들에게 그림을 설명했는데 6명 중에 4명이 당신이 본 그림을 종이에 그려냈다면 당신은 기본적으로 커뮤니케이션을 꽤 잘하는 것이라고 생각할 수 있다. 쉽게 해낼 수 있을 것 같지만, 이것은 당신이 생각하는 것보다 꽤 어려운 작업이 될 수도 있다.

"먼저 산을 2개 그리세요."

이렇게 시작해서는 준비한 그림과 똑같은 그림을 그리게 할 수 없다. 산도 사람마다 그리는 방법이 다르지 않은가? 그렇다면 이 순간 우리가 가장 먼저 생각해봐야 하는 것은 바로 순서다. 초등학교 저학년 교과서를 보면 자신이 사는 고장의 지도를 그려보는 실습과정이 있다. 고장의 지도를 그리기 위해 가장 먼저 해야 하는 일이 무엇인지 아는가? 바로 필기도구와 종이를 준비하는 것이다. 그리고 교과서에 나온 두 번째로

할 일은 방위를 정하는 것이다. 방위야말로 모두가 공유할 수 있는 공통의 방향이기 때문이다.

우리의 커뮤니케이션 방법 또한 다르지 않다. 말을 할 땐 말을 듣는 그 사람도 준비가 되어 있는지, 어떻게 말을 해야 하는지 방향을 정하는 것이 0순위란 뜻이다.

커뮤니케이션
고수들의 특징

그렇다면 다시 조금 전의 풍경화를 그리게 하는 실험으로 돌아가보자. 당신 앞에 있는 사람들이 제대로 풍경화를 그릴 수 있도록 실력 발휘를 하려면 먼저 그들이 가지고 있는 도구가 무엇인지를 살펴본 후 이렇게 말해야 한다.

"자, 여러분 책상 위에 A4용지 보이시죠? 우선 가로로 길게 둔 다음 세로로 한 번, 가로로 한 번 접어주세요. 그러면 칸이 4개로 나누어지는데 이제부터 여기에 풍경화를 그려볼 거예요. 먼저 위쪽에 있는 좌측과 우측 칸 안에 조금 겹치도록 산을 하나씩 그려주세요. 능선은 완만하게 그려주시면 돼요. 그리고 산을 그려놓은 우측 칸 상단에 해를 그릴 건데요, 용지 모서리에 걸쳐 4분의 1 정도만 보이도록 그려주세요. 산과 겹치지 않도록 주의해주세요. 마지막으로 길을 그려볼게요. 처음에 가로로 한 번, 세로로 한 번 접었을 때 생긴 중심점이 있죠? 길은 그 중심점에서 시작해서 아래로 곡선을 그리며 이어지게 그려주세요. 원근법으로 표현되어 있어 처음엔 거의 실처럼 시작되지만 점차 넓어져 나중에는 손바닥 크기만큼 넓어지게 그려주시면 돼요. 그리고…."

어떤가? 이 정도로는 상세하게 설명해야만 비슷하게 그릴 수 있지 않겠는가? 산 하나를 그리려고 해도 사람마다 머릿속에 떠올리는 산의 형태는 다 다르다. 누군가는 동화 속에서나 나올 것 같은 동그란 반달 형태의 산을 그릴 수도, 누군가는 네팔의 히말라야나 우리나라 태백산맥과 같은 삐죽삐죽한 산을 그릴 수도 있다.

그러니 상대방이 자신이 생각한 것과 똑같은 그림을 그리게 하려면 자신과 상대가 동일하게 쓰는 개념으로 말해야 한다. 상대가 알아듣도록 말하는 것, 이것이 일반적인 커뮤니케이션과 비즈니스 커뮤니케이션의 차이라고 하겠다. 만약 실험에서 쓰인 똑같은 풍경화를 가지고 근처 어린이집에 가서 아이들에게 설명하라고 한다면 당신은 어떻게 하겠는가? 당신이 "얘들아. 이 A4용지를 가로로 한 번, 세로로 한 번 접어봐."라고 한다면 아마 아이들은 당신을 뽀로로 인형으로 때릴 것이다.

하지만 정말 놀라운 사실은 이렇게 말도 안 되는 상황에서도, 커뮤니케이션의 상대가 수없이 바뀌어도 상대가 기가 막히게 알아들을 수 있도록 대화를 해내는 커뮤니케이션의 고수들이 있다는 것이다. 그런 고수들은 어린이든 노인이든 상대가 어떤 사람이든지 쉽게 알아들을 수 있도록 설명한다. 그렇게 상대를 자신의 편으로 만들 수 있다면 그 사람은 어떤 분야에서든 리더가 될 수 있지 않겠는가? 상대를 말로써 제대로 설득시킬 수 있다면 그만큼 영향력을 갖추게 될 것이니 그 뒤로는 업무도 한결 수월해질 것이다.

일반적인 커뮤니케이션과 비즈니스 커뮤니케이션의 차이

결국 우리가 조직에서 말을 잘한다는 건 유창하게 말을 하는 것이 아니다. 내 머릿속에 있는 그림을 상대도 똑같이 그릴 수 있게 전달하는 능력, 이것이 바로 진정한 비즈니스 커뮤니케이션이다.

예를 들어보자.

"대리님, 그 업체를 바꿔야 할 것 같아요."

"왜 바꿔?"

"업체가 이상해요."

아무런 설명이나 이유 없이 업체를 바꾸자고 말하는 이 상황을 바로 수긍하고 이해할 수 있겠는가? 이처럼 비즈니스 조직에서 말을 잘하고 커뮤니케이션을 성공적으로 이룬다는 것은 정말 어려운 일이다. 상대방이 살아온 시간과 자신이 살아온 시간, 그리고 상황에 대한 시각이 저마다 다르기 때문에 오해도 생길 수 있고 예기치 못했던 제3의 피해자가 생길 수도 있다. 그러다 보니 비즈니스 커뮤니케이션의 높은 벽에서 절

망할 때쯤 우리는 서점으로 가서 해답을 보여주는 책을 찾곤 한다. 그러면 커뮤니케이션 관련 책에서는 이런 표나 그림을 쉽게 볼 수 있다.

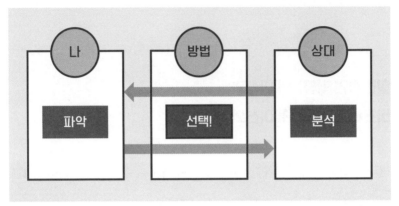

- 커뮤니케이션 이론 중 오스굿Osgood-슈람Schramm의 순환모델과 라스웰Lasswell 모델을 접목해 쉽게 표현함.

'나 자신을 잘 알고 상대를 파악해서 방법을 잘 선택하는 것!' 쉽게 말하면 이것이 커뮤니케이션이다. 많은 책들이 우리가 선택할 수 있는 방법들만을 나열한다. 그러나 방법을 선택하기 전에 준비해야 하는 것은 먼저 상대에 대한 파악이다.

한 경제신문사에서 공개강의를 할 때였다. 공개강의는 보통 신입사원이나 대리급의 사원들이 듣기 위해 찾아온다. 그 이유는 본인의 의지보다는 상사가 들으라고 하니까 억지로 강의장에 오거나 회사에서 필요로 하니까 업무상 대표로 들으러 오는 경우가 많기 때문이다.

그런데 한번은 머리가 희끗희끗하신 중소기업의 대표분께서 강의를 들으러 와서 맨 앞자리에 앉아 계셨다. 강사 입장에서 얼마나 당황했는지 모른다. '이 분은 왜 교육을 들으러 오신 걸까?'라는 생각도 들었다. 커뮤니케이션에 대한 강의를 하면서 상대에 대한 파악이 중요하다는 점을 강조했는데, 쉬는 시간에 그분은 이 말에 100% 공감한다며 다음과 같은 말을 하셨다.

본인은 '비전'이라는 단어를 참 싫어한다고 했다. 예전에 함께 일했던 회사 대표가 자주 쓰던 단어였는데 당시에는 정말 멋있는 단어라고 생각했었단다. 그런데 회사가 어려워지자 그 대표는 돈을 챙겨 도망갔고, 결국 그 회사는 망했다. 하루아침에 실업자가 되고 보니 '비전'이라는 단어가 자신에겐 그저 허풍쟁이들이 하는 말, 과대포장해서 이야기하기 좋아하는 사람들의 말, 행동보다는 말로 점수를 따려는 사람들이 쉽게 내뱉기 좋은 단어처럼 느껴진다는 것이다.

그러면서 자신이 '비전'이라는 단어를 싫어하는 걸 알아챈 멋진 신입사원의 이야기를 해주셨는데, 나는 다음 강의시간의 20분 정도를 그분께 드리고는 강단에서 실제로 있었던 그 일을 다른 교육생들에게 들려달라고 요청했다. 짧은 시간이었지만 어쩌면 하루 종일 들은 내 강의보다 더 생생한 이야기를 만났고, 이제는 한 회사의 대표가 되신 그분의 머릿속에 각인된 그 신입사원 예시 하나가 교육생들에게는 더 큰 감동이었을지도 모른다.

그 직원은 사장님이 '비전'이라는 단어를 싫어하신다는 것을 어떻게 알아냈을까? 오랫동안 함께한 직원도 아닌 신입사원이 말이다. 한 가지 분명한 건 그 신입사원은 분명히 사장님의 말씀을 열심히 듣고 사장님을 열심히 관찰하고 사장님과 소통하기 위해 꽤 많은 시간을 투자했을 것이라는 사실이다. 커뮤니케이션의 1단계는 언제나 상대에게 관심을 갖고 열심히 관찰하는 것이다.

"우리 과장님은 소주보다 맥주를 좋아하세요."

이건 비즈니스 커뮤니케이션에서의 상대 파악이 아니다. 혹시 대화할 때마다 여러분을 힘들게 만드는 상사가 있는가? 아니면 말할 때마다 답답해 가슴을 치게 만들 정도로 말이 통하지 않는 동료가 있는가? 그들의 얼굴을 머릿속으로 떠올려보자. 그리고 앞 장에서 이야기한 대로 그가 평소에 어떤 말을 잘하고 좋아하는지 생각해보라.

당분간은 말할 기회보다 들을 기회가 더 많은 신입사원들은 지금이 비즈니스 커뮤니케이션의 리더가 되기 위한 준비의 시간임을 잊지 말자. 귀를 활짝 열어 듣기부터 시작하고 눈에 총기를 갖고 또랑또랑한 얼굴로 상사를 관찰해보길 바란다.

보고는 어떻게 해야
잘하는 것인가?

상사에게 보고하는 것이 이렇게 어려운 일인가?
상사의 유형을 나누면 좀 더 접근하기 쉽다.

아마도 신입사원들이 싫어하는, 아니 어쩌면 대부분의 직장인들이 싫어
하는 말 중에 하나가 '보고'가 아닐까 싶다. 열심히 책을 보고 공부를 한
다고 해도 보고는 상사를 두고 연습하기 어려울뿐더러 책에 나오는 상
사처럼 자신의 상사가 반응해주지 않으면 'game over!'이기 때문에 쉽
지 않다.

거의 대부분의 비즈니스 커뮤니케이션이 그러하다. 책으로 열심히 공
부를 해도 실전에서 똑같은 상황이 연출되지 않으면 결과는 늘 다르게
나올 수밖에 없으니, 비즈니스 커뮤니케이션의 훈련은 만만치 않다.

예를 들어 당신은 기본적으로 말을 잘하는 사람으로, 상사에게 할 말

을 잔뜩 준비했다고 치자. 당신의 계산으로는 분명 상사가 당신의 보고를 들으면 칭찬을 해야 하는데 상사는 이렇게 묻는다.

"그러니까 핵심이 뭐야?"

"네?"

"핵심이 뭐냐고? 그러니까 할 일을 다했다는 건가?"

"네, 다했습니다."

"그럼 그렇게 말하면 되지, 뭔 말을 그리 길게 해? 다음부터는 핵심만 말하도록 해."

분명 제대로 보고를 했는데 뭔가 억울한 기분이 드는가? 하지만 보고의 방향은 당신이 정하는 것이 아니다. 물론 자신의 장단점을 파악해 가장 편하게 쓸 수 있는 보고의 방법을 취하면 좋겠지만 결과적으로 듣고 있는 상사가 보고를 받았다는 생각이 들어야 하는 것이다. 그러니 제대로 된 보고를 위해서는 상사를 파악한 뒤 유형을 나눠 접근하는 것이 좋은 방법이 될 수 있다.

유형을 나누면 접근이 쉽다
- 리더형·사교형

커뮤니케이션 스타일을 기준으로 상사의 유형을 살펴보면 크게 리더형·사교형·안정형·분석형, 이 4가지의 유형으로 나눠볼 수 있다.

먼저 리더형에 대해 살펴보자. 리더형은 기본적으로 카리스마가 있으며 리더십이 강한 상사라고 볼 수 있다. 이런 상사는 성격이 급하기에 보고할 때는 전체 그림을 빨리 그려주는 것이 좋다. 소제목을 먼저 말하거나 중점 사항을 빠르게 요약한 뒤 자세히 설명하는 것이다. 즉 책에서 목차를 먼저 훑어주듯이 보고하는 것이 좋다.

이렇게 큰 그림을 먼저 그려준다면 상사는 당신의 보고를 굉장히 깔끔하다고 느낄 것이다. 또한 이러한 유형의 상사들은 강력한 리더십을 중요하게 생각하므로 상사를 믿는다는 무한한 신뢰를 보여준다면 훨씬 보고가 편해질 것이다.

또한 리더형 상사는 정보의 공유를 굉장히 중요하게 생각한다. 자신의 머릿속 내용을 조직원들이 모두 알아야 한다고 생각하므로 지시를 내릴 때 두서없이 쏟아내는 경우가 있다. 그리고 많은 것을 한꺼번에 전달하다 보니 본인이 지시한 것을 다 기억하지 못할 때도 있고 놓치는 일도 많다. 그러므로 리더형의 상사가 여러 가지 일을 한꺼번에 지시할 것으로 예상되면 반드시 메모지를 준비해 상사의 이야기를 키워드라도 받아 적으며 경청한다. 가끔 정신없이 지시하고는 "다 알았지?"라고 물어본다면 메모해둔 키워드를 참고로 "이걸 먼저 할까요?"라고 확인하자. 이렇게 상사를 대한다면 상사는 당신을 곁에 두고 싶어 할 것이다. 본인의 말과 생각을 정리해주는 사원, 얼마나 기특하겠는가?

두 번째 유형은 사교형이다. 늘 타인에게 관심과 애정을 표현하고 분위기를 즐겁게 만들며 인간관계를 중요하게 생각하는 상사다. 그러나

이 유형의 상사는 때로는 일의 중요도를 정확히 파악하지 못해 지시를 받는 입장에서는 답답할 때가 많다. 게다가 보고를 할 때 주제 이외의 이야기까지 한다면, 사교형의 상사는 더욱 혼란스러워 하며 정확한 지시를 내리지 못할 수 있다.

따라서 이 유형의 상사와 대화를 할 때는 보고자 스스로 주제 이외의 이야기를 하지 않도록, 주제에 입각한 이야기를 할 수 있도록 노력해야 한다. 중요도 순서로 1, 2, 3번을 선택해 상사와 마주할 때 반드시 모두 전달하도록 하고, 혹시라도 3번을 놓치고 뒤돌아 나오는 일이 없도록 주의한다. '주제 → 부연 → 주제'로 가장 중요한 내용이 무엇인지 꼭 되짚어 보고를 한다면 상사의 빠른 일처리를 도와줄 수 있을 것이다. 또한 일적인 보고 이외에 평소 사적인 대화를 나누지 않는다면 사교형의 상사는 자신이 부하직원과의 관계 리더십이 약하다고 생각할 수 있으니 업무를 포함한 다양한 주제의 이야기를 자연스럽게 나누어 친밀한 관계를 쌓아두는 것이 좋을 것이다.

조직생활을 하면 많은 이들이 겉으로는 사교형인 경우가 많다. 서로 좋은 관계를 유지하기 위해 조심하기도 하고 즐거운 분위기를 만들기 위해 애쓰기도 하기 때문이다. 그런데 보고에 있어서 자신도, 상사도 사교형에 가깝다면 늘 본론보다 서로에 대한 관심 표현으로 대화는 삼천 포 어딘가를 헤매게 될 것이다. 결국 실컷 일에 대한 이야기꽃을 피웠으나 뒤돌아섰을 때 보고 내용보다는 그 외의 이야기들이 더 오래 기억에 남는 것이다. 그러니 상사가 사교형일 땐 주제에 입각한 보고가 되도록 최선을 다해야 하며, 기본적으로 다른 상사의 유형도 주제에 따른 간결한 보고를 선호한다는 것을 잊지 말자. 이는 기본 중에 기본 원칙이라 할 수 있다.

유형을 나누면 접근이 쉽다
– 안정형 · 분석형

세 번째는 안정형이다. 위의 두 유형과 거리가 멀다면 가장 먼 유형이라 할 수 있다. 사실 상사가 안정형이기는 쉽지 않은데 좋은 게 좋은 거라고 생각하는 성격 좋은 사람들이 이 유형에 속한다. 강하게 지시를 내리기보다는 알아서 해주기를 바라고 부드러운 카리스마를 보여주는 경우가 많다. 이런 상사들은 상담과 조언을 잘해주고 많은 이들의 의견을 수렴하는 좋은 성격의 소유자들이기에 안정형의 상사를 만나면 신입사원은 일이 편하다고 생각할 수 있다.

하지만 이 유형의 상사들은 만약 당신의 판단으로 하게 된 일의 결과가 좋지 않다면 본인의 결단력보다는 부하직원의 실력을 의심할 것이고, 이런 일이 잦으면 처음엔 말을 하지 않겠지만 쌓아두었다가 나중에 굉장히 크게 화를 낼 수 있다. 평소에 화를 자주 내는 사람들이야 익숙해지면 강도가 세지 않지만 평소에 유순하고 부드러운 상사가 화를 내면 상상 이상으로 강하게 느껴진다. 그러니 보고를 할 땐 반드시 정확하게 동의를 구하고 궁금한 점이 있는지 확인할 필요가 있다. 정확히 '예스'나 '노'를 표현하지 않는 경우에는 시간을 두고 다시 확인해서 일정이라든지, 세부사항을 정확히 기록해둘 필요가 있다.

네 번째 유형은 분석형이다. 당신이 길게 이야기하든, 짧게 이야기하든 관계없이 당신의 말을 크게 신뢰하지 않고 날카로운 질문으로 당신을 힘들게 만든다면 그는 분석형 리더인 것이 분명하다.

분석형의 상사는 까칠한 성격을 가졌다기보다 기본적으로 남의 말보다는 본인이 눈으로 확인한 것을 믿는다. 신중하고 분석적이기에 내용을 다각도로 살피고 깊게 생각하는 유형의 상사다. 따라서 이러한 유형의 상사 앞에서는 보고의 한계를 경험할 확률이 높다.

그러나 정말 중요한 것은 리더형, 사교형, 안정형인 상사들도 기본적으로는 분석형의 유형이 섞여 있으며, 우리도 상사가 된다면 분석형 상사가 될 확률이 높다는 사실이다. 왜냐하면 상사는 모든 것을 객관적이고 정확하게, 그리고 신중에 신중을 기하며 일을 진행해야 하는 리더여야 하기 때문이다.

이런 상사를 만날 땐 길게 말하려 애쓰지 말자. 오히려 말을 짧게 하고 질문이 들어오면 이미 알았다는 듯이 길고 자세히 답변하는 편이 낫다. 개인적인 생각보다는 자료, 통계 등 객관적인 근거에 바탕을 둔 보고가 좋다. 또한 보고할 시간이 충분하다면 제안을 한 개만 들고 들어가기보다는 두세 개의 안을 같이 제시해 그가 선택할 수 있도록 해보자. 상사는 당신의 보고 실력을 높이 평가하게 될 것이다.

사실 사람들은 모두 다른 성격을 가지고 있는데 상사를 4가지 유형으로 단순화해 구분하는 것이 불필요하다고 느껴질 수 있다. 그러나 적어도 상대에 대한 파악이 어느 정도 이루어져야 그에 맞는 방법을 선택하고 비즈니스 커뮤니케이션의 첫 단추를 채울 수 있지 않겠는가? 상사를 4가지 유형으로만 나누었는데도 지켜야 할 원칙들이 이렇게 많으니 보고가 복잡하다고 느껴질 수도 있다.

그렇다면 기본 중의 기본인 원칙들만이라도 알아두자. 일반적으로 상사는 보고를 자주 하는 사람을 좋아할까? 아니면 드문드문 보고하는 사람을 더 좋아할까? 여러분이 상사가 된다고 생각해보자. 자신이 이끄는 부서의 업무 상황이 수치화되어 한눈에 파악할 수 있다면 좋을 것이다. 이 팀은 20%, 저 팀은 80%, 또 다른 팀은 50%의 진척을 보인다면 20% 쪽으로 힘이 들어가고 속도를 붙여줘야 한다. 그것이 리더의 역할이다. 그러므로 농담으로라도 상사에게 자주 보고하는 것이 좋다. 자주 보고하는 것은 상사에게는 일의 진척을 보여주는 것인 동시에 문제를 그때그때 공유하게 되어 나중에 혹시나 문제가 일어났을 때 상사와 문제를 해결하기가 쉬워질 것이다. 물론 자신이 현재 어떤 업무를 하고 있으며, 얼마만큼 진행했는지를 보여주는 하나의 방법이 되기도 한다. 이것이 중간보고의 역할이다.

어렵더라도 특히 신입사원은 자주, 그리고 구체적으로 보고할 것을 추천하고 싶다. 자주 보고해야 잘못된 부분들을 확인할 수 있고 상세히 보고해야 상사가 실수를 지적하기도 쉽다. 그리고 이런 보고가 장황하지 않고 깔끔하다면 더할 나위 없이 멋진 보고의 형태가 될 것이다. 보고를 할 때는 상사를 파악하고 기본 원칙을 정확히 지키자. 이것만 잘해 낼 수 있어도 제대로 된 보고의 모습을 갖출 수 있을 것이다.

때로는 제대로
거절해야 한다

할 수 있는 일에도 한계가 있는 법이다.
할 수 없는데 무조건 하겠다고 잡고 있는 건 민폐다.

어느 직장에나 사이코같이 느껴지는 상사가 있고 딱하기 그지없는 성격 좋은 상사도 있다. 드라마에 나올 법한 착하기만 한, 그래서 왠지 능력이 없어 보이는 상사들도 분명 있다. 물론 성격이 순하다고 해서 능력이 없다고 말할 수는 없다. 그러나 성격이 너무 좋아서 제대로 거절하지 못하면 부탁받은 많은 일들이 고스란히 본인과 부하직원의 일로 쌓이게 되는 것은 확실하다.

신입사원들은 특히 거절을 하기가 쉽지 않다. 일을 주고 기회를 주는데 거절을 한다는 것은 일을 하지 않겠다는 의미로 보일 수 있기도 하니까 말이다.

착하다고 일이
잘 진행되는 것은 아니다

친구 중에 회사생활을 견디지 못해 그만둔 친구가 있다. 그런데 이 친구, 성격이 그지없이 좋다. 언제나 남 이야기 잘 들어주고 남의 일을 자기 일처럼 걱정해주고, 팔까지 걷어붙이고 도와줄 때가 많으니 좋은 사람임에는 틀림없다. 그래서 학교 다닐 때는 인기가 많았다. 그녀 옆에 있으면 고민도 털어놓을 수 있고 위로도 되고 그녀의 따뜻함이 고스란히 주위에 퍼지는 것을 느낄 수 있었다.

그런데 직장에서는 그렇지 않았던 모양이다. 그녀의 착한 성격으로 인해 동기들도 가벼운 부탁을 할 때가 허다했고, 정작 자신의 일도 산더미인데 부탁하는 일들을 거절하지 못하다 보니 어느 순간 책상 위에 수북이 쌓인 일들이 자신의 무능함으로 느껴진 것이다. 결국 성격 좋고 사람 좋은 내 친구는, 직장은 전쟁터 같지만 밖은 지옥과도 같다는 내 말을 바람처럼 넘기더니 결국 회사를 그만두었다. 그야말로 꾹 참다 책상 엎은 격이니 친구가 있던 부서 사람들은 꽤나 놀랐을 것이다.

조직의 시스템이라는 것이 때로는 거절하지 못하는 것도 능력이 없는 것으로 비칠 수 있다. 물론 능력을 인정받고 싶은 마음에 시키는 일을 다하고 싶을 수 있겠지만 자신의 능력을 정확하게 파악하고 업무의 양을 체크해서 일을 나누는 것도 능력이다. 그러니 밤을 새서 완성할 수 없는 양이라면 거절도 할 수 있어야 한다.

거절법이 있다면
얼마나 좋을까?

그렇다면 거절은 어떻게 해야 하는 것일까? 상사가 말한다.

"역시 자네, 실력이 있어! 보고서 잘 쓰네. 그럼 이것도 정리 좀 해봐. 내가 1차로 정리는 했는데 한 페이지로 다시 만들어 가져와보게."

이럴 때 신입사원의 선택은 무조건 '예스'로 시작해야 한다.

"가능합니다!"

"열심히 해보겠습니다!"

그다음은 이런 식이다.

"그런데 대리님, 어제 말씀하신 A를 지금 하고 있는 중인데 지금 주신 B랑 둘 중에서 어느 것을 먼저 끝내는 게 좋을까요(무엇이 더 중요할까요)?"

반드시 질문을 던져야 한다. 2가지 중에 무엇이 중요한지를, 무엇이 먼저인지를 질문해야 하는 것이다. 상사는 부하직원이 정하는 것을 좋아하지 않는다. 상사가 일의 우선순위를 정하도록 해야 한다. 그의 의견에 따라 일을 해야 화도 면하고 책임도 나눌 수 있다.

물론 상사에게 던지는 질문에는 '이것도 주고 저것도 주고, 도대체 뭘 먼저 하라는 겁니까?'라는 마음이 담겨 있을 수 있지만 속마음 그대로 화를 내면서 물어볼 수는 없지 않은가? 그러니 앞서 말한 예시 질문처럼 정중하게 상사의 의중을 물어보자.

"아, 맞다. A를 일단 먼저 해. 오늘까지 마무리하고 그다음에 B를 해. 알았지?"

그러면 "네." 하고 A를 계속 진행하면 된다. A를 빨리 끝내고 B에 대한 처리를 물어보면 되는 것이다.

반대로 나중에 준 일을 먼저 하라고 지시하는 경우도 있다.

"아, 맞아. A가 있었지? 그거 말고 B부터 해. 이게 급한 것 같아."

"네, 그럼 B를 먼저 하겠습니다. 원래 제가 A를 내일 오전에 보고드리려고 했는데 모레 오전까지 보고드려도 될까요?"

설사 이 말이 진실이 아니더라도, 즉 A를 빨리 보고할 계획이 없었다 하더라도 우리는 시간을 벌 수 있는 질문을 해야 한다.

질문 3가지 정도는 마음에 담고 상사를 만나는 것이 좋다. 아마 세 번째 질문은 일의 형식이나 일에 대한 기타 궁금한 사항이 될 것이다. 이때 유의해야 할 점은 질문이 3개가 넘으면 위험할 수도 있다는 것이다. 상사가 이렇게 말할 확률이 높다.

"음… 하기 싫은 건가?"

이러한 질문 대처법은 자신이 정말 거절하지 못하고 속만 좋은 사람이라고 느껴질 경우, 또는 욕심만 많아서 일은 줄줄이 받아놓고 제때 처리하지 못하는 사람이라고 느껴질 경우 쓸 수 있는 기술이다. 또는 생각은 많은데 생각하는 머리와 말을 꺼내는 입까지의 거리가 너무 멀다 보니 자신의 생각을 표현하기 전에 이미 상대의 말을 들을 수밖에 없는, 그래서 늘 할 말을 제대로 못하는 커뮤니케이션 스타일을 가지고 있는 사람이라면 이렇게 질문을 생각하고 상대를 만나기를 조언한다.

그렇다면 여기서 이야기한 방법이 거절법일지 의문이 들 것이다. 안타깝게도 거절법이라고 하는 것은 따로 존재하지 않는다. 신입사원에게 '거절법'이라는 것은 사치다. 즉 이 질문 대처법은 최선의 방어책을 구축하는 방법일 뿐 거절법이 아니다. 물론 이 방법을 쓸 수 있는 단계까지 가는 것도 쉽지 않다.

상사에게 꾸준히 보고를 해야 하거나 누군가에게 쉽지 않은 말을 해야 할 때, 누군가가 자꾸만 자신에게 지나친 요구를 하는데 그것을 거절하기 쉽지 않아 효율성이 떨어진다고 느낄 때는 늘 마음속에 '최선의 방어'라는 말을 떠올리며 3가지의 질문을 생각해보자. 습관적으로 하다 보면 어느 순간, 할 말을 적절히 조화롭게 할 수 있는 신입이 될 수 있을 것이다. 그러니 공격법이 없는 것에 화를 내기보다는 최선의 방어책으로 스스로를 보호할 수 있길 바란다.

내 친구가 20대 초반에 '질문 대처법'을 통한 거절의 방법을 알았더라면 좀 더 오랫동안 직장생활을 했을 수도 있다. 워낙 성격이 좋아 주변에 사람이 넘치는 친구였으니, 회사생활에 좌절했던 순간에 적절한 전술 하나만 알았더라도 조직이라는 전쟁터에서 오히려 승승장구했을지도 모른다. 그런데 나 또한 이런 방법이 있다는 것을 30대에 알았으니 안타까울 뿐이다.

어찌 보면 회사가 전쟁터인 양 최선의 방어책을 구축해야 한다는 말은 참 슬픈 말이다. 하지만 우리는 다른 누군가를 위해 사는 것은 아니며 누구에게 칭찬받기 위해 행동하는 것은 더더욱 아니다. 그래서 늘 착할 필요도, 참을 필요도 없다.

거절하는 법을 접하면서 앞으로 조금 더 강한 사람이 되어 용기를 가져야겠다고 결심했다면 동시에 좀 더 현명해질 필요도 있다. 직장에서는 조금 야박해 보일 수 있을지라도 화낼 상황, 진지해야 할 상황, 감정을 드러내야 할 상황을 제대로 알고 행동하는 현명함을 보인다면 사람들에게 이유 없이 욕을 먹진 않을 것이다. 간혹 뒤에서 사람들이 수군거리는 것은 감내해야 하겠지만 그럴 땐 자신이 조금 강해진 거라고 최면을 걸며 신경 쓰지 않으면 된다.

회사는 감정으로 견디는 곳이 아니라 이성으로 행동하는 곳이다. 그래서 거절을 못해 버겁도록 일을 받아 기한을 넘기는 경우가 많은 착한 사람보다는, 할 수 있는 일을 능력껏 끝내고 능력 밖의 일은 대화로 조율하는 능력자가 결국 인정받게 된다. 그리고 자신이 착한 성격의 소유자라면, 결국 어떻게든지 그 착한 점이 플러스가 될 것이니 크게 염려하지 않아도 된다. 회사생활을 하루 이틀 하고 말 것이 아니니 말이다.

우리가 알지 못했던
회의의 기본

회의란 서로의 머릿속 그림을 이해해가는 과정이며
적극적으로 서로에게 집중하는 일련의 과정이다.

'경비는 회사에서 지원해주는 것을 전제로 유익함과 즐거움을 줄 수 있는 4박 5일간의 여행 계획안을 만들어서 보고하세요.'

회의나 간단한 프레젠테이션 실습을 필요로 할 때 조별 과제로 종종 내놓는 주제다. '여행'이라는 단어는 몰입하기가 쉽고 모두를 즐겁게 만들 수 있기 때문이다. 조원들끼리 열심히 회의를 해서 보고서 초안을 만들고 발표한 다음에는 지금부터가 진정한 회의라며 아이디어를 낸 다른 팀에게 보고에 관한 궁금증을 회사 동료의 입장에서 서로 질문해보라고 한다.

실상 이 활동의 취지는 짧은 시간의 보고는 어떻게 하는 것이며 표현하는 보고서는 어떻게 쓰는지를 알아보는 활동이다. 여기에 이 활동의 또 다른 핵심은 회의에 어떤 자세로 임해야 하는지를 짧게나마 경험해보는 것이다. 그래서 개인적으로는 프레젠테이션이 끝난 후 서로에게 어떤 질문을 하고 그 질문에 대한 답을 어떻게 하는지가 궁금할 때가 더 많다. 그리고 그 순간부터 그들을 유심히 보고 관찰하고 피드백해준다. 진정한 실습의 시작이기도 하다.

회의에 임하는
산뜻한 자세

한 친구가 굉장히 날카롭고 논리적으로 질문을 던졌다.

"브라질로 여행을 가신다고요? 설정하신 레저용품 회사가 브라질 축구장 안에서 홍보를 위해 상표를 노출하는 건 금지된 행위 아닌가요?"

월드컵이 한창인 브라질로 힐링 겸 홍보를 위해 여행을 가겠다는 의견에 대한 질문이었다.

"공식적인 브랜드 노출은 안 되겠지만 우리가 그곳에 가서 열정적으로 응원한 모습을 사진이나 영상으로 담아오면 한국에서 다양한 홍보 소스가 되지 않을까요?"

질문 못지않게 일리 있는 대답이었다.

"그럼 그건 여러분만의 여행은 아니군요. 결국 브라질 여행의 사진이나 영상이 홍보 소스가 되니까 제대로 찍어야 될 텐데, 그러려면 다른 팀의 협력도 필요하겠네요."

"네, 그렇게 될 수 있겠네요. 그럼 저희 팀원 중에 한 명에게 사진기술을 배울 수 있도록 하겠습니다."

"보고하실 때는 당장 갈 거라고 하지 않으셨나요? 게다가 곧 월드컵이 끝나는데요?"

"아, 그러네요."

이쯤만 되어도 꽤 멋진 실습이다. 명확한 결론이 나오는 실습은 아니지만 논리적인 질문에 논리적으로 사고해서 대답하기 때문에 만족도가 높은 실습이다. 위의 사례도 결국 웃음으로 끝나버리긴 했지만 많은 이들에게 좋은 질문과 좋은 답변의 예시를 자연스럽게 보여줄 수 있었다. 마치 상사와 부하직원이 된 듯한 모습이었다.

실상 회의는 웃으며 끝나지 않을 때가 있으니 이런 회의는 없을 거라며 아쉬움을 가질 수도 있겠지만 아직은 배워가는 단계의 신입사원에게 좋은 훈련이라 하겠다.

"브라질은 너무 멀다고 생각하지 않으십니까? 저희가 제안한 일본은 가는 데 1시간 정도가 소요되지만 브라질은 가는 데만 하루가 걸리지 않나요?"

"물론 소요 시간 면에서는 그렇습니다. 하지만 회사가 보내주는 여행이라도 우리가 원하는 곳을 가야 진짜 여행이죠. 그 팀이 제안하신 일본은 한 번쯤은 다 가본 곳인데 회사 거래처를 만날 겸 간다면 그건 여행이 아니라 출장 아닌가요? 별로 가고 싶은 마음은 안 드네요."

"그 팀은 회사가 보내주는 여행인데 회사에는 전혀 이익이 되지 않는 본인들만이 좋아서 가는 여행 아닙니까? 그럼 왜 회사가 돈을 내주어야 하죠? 휴가 내고 자비로 가는 게 맞지 않나요?"

"그럼 일본은 출장으로 가면 되지 포상휴가로 일본을 간다는 건 너무 본인의 생각만 내세우신 거 아닙니까? 팀원들은 별로 내켜하지 않는 것 같은데요."

이쯤 되면 강사이면서 진행자인 내가 개입해서 말려야 한다. 모두가 한 목소리로 나의 말을 따라 하며 감정을 진정시킨다.

"실습은 실습일 뿐, 오해하지 말자. 실습은 실습일 뿐, 오해하지 말자."

이렇게 서로 질문하고 질문을 받다 보면 서로 다른 회사 직원들이 모여 있음에도 마치 모두 같은 회사의 직원인 양 감정이 이입된다. 그러다 보면 주제에 대한 논리적인 질문도 있지만 서로의 감정을 내세우는 질문이 나오기도 하고 때로는 질문이 아닌 그저 공격에 가까운 대화가 오가기도 한다. 그러다 결국에는 서로의 약점을 들춰내기도 하고 본인의 지식을 모두 모아 상대를 깎아내리기도 한다.

회의는 과연 무엇일까? 이 활동에서의 회의는, 도대체 다른 팀들은 어떤 식으로 의견을 모았기에 똑같이 주어진 시간 속에서 저런 아이디어를 냈는지 열심히 들어보고, 대답이 가능한 질문으로 궁금한 점을 묻는 자리다. 질문이 들어오면 자신의 부족했던 설명을 인정하고 이해를 도울 수 있는 답변을 하며 서로가 상대의 머릿속에 있는 그림을 이해해

나가는 작업, 나는 이것이 회의의 큰 모습이라고 생각한다.

회의 때는 아무런 질문도 하지 않았으면서 회의장에서 나와 괜히 옆 사람 옆구리를 찌르면서 입을 삐죽삐죽 내밀며 귓속말로 "브라질은 좀 아니지 않아?", "지금 같은 때에 일본이 웬 말이냐?" 이렇게 속닥이는 것은 옳지 않은 행동이다. 정말 못난 사람이나 하는 짓이다. 쿨하지도, 산뜻하지도 않다. 이런 뒷말을 하지 않기 위해 회의 때 해야 하는 것이 바로 대답이 가능한 날카로운 질문, 그리고 핵심을 짚어 전달할 수 있는 대답이다.

세련된 질문은 아무나
할 수 있는 것이 아니다

우리나라의 많은 회사들은 정보 공유를 위한 회의보다는 문제 해결을 위한 회의를 훨씬 더 많이 한다. 즉 서로에 대한 이해를 넓히는 시간을 갖기보다는 빨리 의견을 맞추고 결정하려는 회의가 훨씬 많다는 것이다. 또 의미 있고 생산적이며 실질적인 대화가 진행되기보다는 의견 충돌로 감정이 상하거나 동문서답만 하다가 에너지만 소모하는 언쟁으로 끝나는 경우도 많다. 그러다 보니 횟수만 많아질 뿐, 회의의 질은 떨어지고 그 시간을 즐기기 힘들다.

누군가 자신에게 질문하면 자신을 싫어해서 던진 질문이라고 감정적으로 받아들이는 경우가 많기 때문에 반론을 할 때도 성숙한 토론 문화에서처럼 이성적으로 반응하기가 쉽지 않다. 회의를 할 때 좀 더 세련되고 산뜻하게 대처하는 기술은 없는 걸까?

물론 회사 동료는 친구가 아니기에 늘 우리를 배려해주지 않는다. '내가 이렇게 친절하게 해주면 저 친구도 언젠가는 내 진심을 알아주겠지?'라는 기대는 하지 말자. 드라마에서나 나올 것 같은 이상적인 동료가 자신의 곁에도 있을 거라는 기대는 처음부터 하지 않는 것이 좋다. 회사는 이익을 추구하고 성과를 내야 하는 집단이다. 따라서 마음 따뜻한 동료를 만나거나 진심으로 자신을 위해 충고하는 동료를 만난다면 당신은 행운아다. 그런 사람을 만났다면 당신 또한 진심으로 그들을 옆에 두고 관리해야 한다.

그러나 그것이 아니라면 우리는 서로에게 쿨하고 산뜻한 동료여야 하며, 회의장에서 그런 모습을 보이려면 질문다운 질문으로 회의에 참여해 모든 이들의 이해를 돕고, 대답다운 대답으로 회의의 흐름을 타야 한다.

그뿐만 아니라 제대로 된 질문을 던질 수 있다면 질문을 받는 그들의 논리력도 높일 수 있고, 질문을 받은 그들도 대답하면서 자신의 생각을 정리할 수 있는 좋은 기회가 될 수 있다. 또한 제대로 된 질문 능력을 갖추려면 발표자의 내용을 열심히 들어야 하니 집중력과 경청의 능력이 생길 것이고, 질문에 대한 답변을 하다 보면 좀 더 조리 있게 핵심을 찌를 수 있는 말하기 능력도 생겨날 것이다.

당신을 감정적으로 대하는 사람이 있다고 생각하지 말자. 이 모든 것에 대한 연습과 고민, 고찰은 당신을 감정적으로 대하지 않고 정말로 논리적으로 대하는, 때로는 당신보다 100배는 더 이성적인 상사를 만날 수도 있기에 준비해야 하는 것임을 잊지 말아야 한다.

회의에서는 이해가 되지 않는 부분에 대한 질문, 대전제를 무너뜨리거나 앞뒤의 맥락을 무시하지 않는 질문, 그리고 되도록 감정을 내세우지 않는 질문을 하도록 하자. 뻔히 답을 알면서 하는 듯한 질문도 하지 말자. 그런 질문을 들으면 질문에 예의가 없음을 모두가 다 알 수 있다.

질문을 받았다면 자신의 설명이 부족했을 수 있다는 생각으로 겸손하게 그 상황을 받아들이고 최선을 다해 그 사람의 눈높이에 맞춰 감정이 아닌 논리로 그 공간을 채우자. 이렇게만 된다면 우리는 늘 이상적인 회의가 가능할 것이다. 그들은 친구가 아니라 동료다. 그러니 감정이 아닌 이성으로, 일적으로 대해야 한다.

또한 절대 놓치면 안 되는 가장 중요한 사실 한 가지가 있다. 회의시간에 누군가는 치열하게 질문을 하고 누군가는 자신의 의견에 책임을 지기 위해 땀을 흘리며 답변을 해낸다. 그 와중에 아무런 질문도 만들어보지 않고 회의가 지겨워 책상 밑으로 문자를 보낸다거나, 다이어리에 낙서를 한다거나, 턱에 손을 괴고 먼 산을 바라보며 초점을 흐리고 있다면 당신은 그들에게 이미 진 것이다.

TIP! 회의에서 효과적인 질문을 하기 위한 지침

① 회의 내용을 경청한다.

② 회의의 목적과 방향을 정확히 인식한다.

③ 목적을 염두해두고 질문에 대답할 수 있는 적절한 사람을 바라보며 질문한다.

④ "예", "아니오"로 대답이 가능한 폐쇄형 질문은 하지 않는다. 깊게 생각을 발전시키고 나아가 모두의 이해를 도울 수 있는 개방형 질문을 한다.

⑤ 질문의 형식은 간결하고 명확하게 한 가지의 쟁점을 전달하는 것이 좋다.

⑥ 질문한 후에 대답을 정확히 전달받고 경청하고 있음을 보디랭귀지body language로 표현한다.

회의기술 습득을 위한 참고 도서

• 『사장이 좋아하는 업무기술』(중앙북스, 2010): 벡토 네트워크 지음, 이정환 옮김.
• 『회의의 기술』(한스미디어, 2008): 하버드 비즈니스 프레스 편저, 이상욱 옮김.

지겨운 회의를
피하는 방법

우리나라 직장인들이 회의에 참석하는 횟수는 월 평균 13회라고 한다.
대부분의 직장인들은 이 시간을 즐기지 못하고 그저 지루하다고 느낀다.

창의력 강의를 진행할 때의 이야기다. 광고회사 신입사원과 창의력 관련 수업을 함께한다는 것은 어떤 느낌일 것 같은가? 광고회사에는 정말 번뜩이는 아이디어를 지닌 창의력의 고수들이 가득할 것 같지 않은가?

이 광고회사는 당시 광고계에서는 신생회사였지만 알 만한 사람은 다 아는 유명한 회사였다. 나도 그 회사가 만든 몇몇 광고에 반해 광고가 나올 때마다 '도대체 이런 광고는 얼마나 창의력이 뛰어난 집단이 만드는 것일까?'라고 생각하면서 멍하게 바라보곤 했다. 그러니 이 회사의 신입사원을 대상으로 창의력 강의를 진행한다는 이야기를 듣는 순간부터 그들의 능력에 대한 기대는 엄청났다. 강의를 위해 많은 자료를 준비했고 강의를 하러 가는 길이 꽤나 설레었다.

강의 당일 교육생들을 바라보는 순간 나는 적잖이 당황했다. 20명이 안 되는 인원 중에서 어딘가 모르게 말하는 것이 정확하지 않은, 장애를 가진 교육생이 한 명 있었던 것이다. 물론 장애를 가진 분들에 대한 선입견이나 염려를 말하려는 것은 절대 아니다. 오히려 말을 쉽게 할 수 없는 장애를 가진 그 교육생의 놀라운 태도가 하루 종일 나에게 신선한 자극이었던 그날을 이야기하고 싶은 것이다.

'혹시 내가 나도 모르게 그를 신경 쓰면 어쩌지? 지나치게 배려한다고 느껴지면 어쩌나? 그런데 아무렇지도 않은 척 말을 빨리 해도 되나?' 등 별별 걱정을 다하는 모습을 들킬까 봐 조심스러웠다. 그런 나와는 달리 그는 참 거침없이 자신의 의견을 이야기하는데 그 모습이 정말이지 신이 난 개구쟁이 같았다.

같은 조원이 발표할 때는 "아이, 답답해. 재미없어!"라고 하면서 자기가 나가서 아이디어를 보충했다. 그 친구의 자신감에 발표의 기회를 넘겨준 동기도 기분 나빠 하지 않았다. 오히려 서로 쳐다보며 껄껄 웃고 책상을 두드리며 유쾌해 했다. 그의 당당함이 무척이나 자연스러웠으며 태도는 긍정적이었기에 그럴 수 있었던 것이리라. 의견을 내면서 조금 힘들어 보이는 조원이 있으면 "바로 그거야!"라며 즉각적인 호응과 동시에 어깨를 툭툭 치며 격려하는 것도 잊지 않았다. 그의 긍정적이고 낙천적인 성격과 놀랄 만큼 뛰어난 엉뚱함이 강의를 더욱 즐겁게 만들었다. 장애인이라는 것을 잊게 만드는 그의 유쾌한 행동으로 인해 주변인들도 좀 더 겸손하게, 그리고 열심히 학습하는 듯했다.

그가 가진 성향이 조원들을 즐겁게 만들고, 창의적인 회의 분위기를 형성한 것이다. 창의력은 즐거움과 호기심에서 시작한다. 모두가 유쾌하게 두뇌를 여는 순간 세상 모든 것에 대한 감각이 열리고 머릿속은 말랑말랑해지며 타인을 바라보는 눈은 그전과 달라진다. 그러니 주제에 대한 의식은 더욱 또렷해지고 객관화된다. 그의 에너지로 인해 조원들은 문득문득 떠오르는 아이디어를 놓치지 않고 잡아내는 모습을 보여주었다. 앞과 뒤를 쉽게 바꿔버리는 독특함을 인정하게 되고 멋진 카피라이터의 에너지를 보여주었던 것이다.

유쾌한 에너지는
강력한 전파력을 가진다

그러고 보면 창의적인 인재는 번뜩이는 아이디어로 가득 찬 사람이 아니라 열정적이고 긍정적인 에너지로 주변인들을 독려하는 인재를 말하는 게 아닐까? 독불장군처럼 자신의 의견만 주장하지 않고, 아이디어를 뽐내는 것에만 신경 쓰지 않으며, 상대방의 아이디어에 귀 기울이고 그 아이디어에 살을 붙이는 인재 말이다. 회의에 적극적으로 참여하고 때로는 회의장의 많은 동료들을 유쾌하게 만들어 그들의 뇌를 즐겁게 만드는 인재, 그런 인재를 우리는 '창의적'이라고 말할 수 있지 않을까?

언젠가는 그가 세상을 놀라게 할 카피 한 줄을 만들 거라고 나는 기대하고 있다. 어쩌면 지금 이 순간 그는 이미 뛰어난 카피라이터가 되어 있을지도 모르겠다.

가끔 '창의력'이라는 단어의 무게 때문인지 수업의 주제가 '창의력'이라고 하면 꽤 심각하게 받아들이는 사람들이 있다. 학습이라고 여기면 더욱더 그럴 것이다. 그러나 그럴 필요가 없다. 창의적인 사람의 특징 중 하나는 유머를 가졌다는 점이다. 사람을 웃기는 데 얼마나 창의적인 사고가 필요하겠는가? 창의적인 아이디어를 내는 일도 사람이 하는 작업이라 재미가 없으면 능률이 오르지 않는다. 즐겁고 유쾌하게 아이디어를 낼 수 있는 에너지, 그것이 창의력의 가장 큰 비법이 아닐까 싶다.

함께 일했던 상사 중에 회의 시작 전에는 무조건 유머를 하나씩 준비해오라고 지시하셨던 분이 계셨다. 회의에 참여해야 하는 부서 직원들은 이만저만 곤욕스러운 것이 아니었다. 웃겨서 웃는 게 아니라 웃으면 웃을 일이 생긴다며 하다못해 이름으로 삼행시라도 지어오라고 했다. 사실 회의를 하다 보면 즐거운 회의보다는 즐겁지 않은 주제의 회의가 더 많은데 억지로라도 웃을거리를 나누다 보니 그분과 함께 일하는 동안만큼은 '회의 시작'이라는 멘트가 그리 힘들진 않았다. 아마도 내 머리가 한동안 웃음으로 시작되는 회의로 훈련되었던 것이리라.

생각해보면 문제의 결정을 위한 회의가 늘 재미있고 유쾌할 수는 없다. 진지한 건 당연하고 때로는 지나치게 형식적일 수밖에 없기에 회의가 늘 즐겁기를 바라는 것은 무리다. 하지만 결국 그런 재미없는 회의를 만들어가는 것도 회의 자체가 아니라 그 회의의 주체인 참여자들의 문제다. 그렇다고 상사나 동료를 탓하지는 말자. 상사를 훈련시키는 것 또한 어쩌면 신입의 몫이며 나아가 당신도 언젠가는 상사가 되어 재미없는 회의를 주재하는 사람으로 회자될 가능성이 높으니 말이다.

방관자나 관찰자가 아닌
참여자가 되자

그렇다면 재미없는 회의를 재미있게 느끼고 즐기려면 어떤 노력을 해야 할까? 먼저 주제에 대한 관심과 회의자들에 대한 집중이 필요할 것이다. 회의에는 그 회의에 모인 분명한 이유가 있다. 그렇기 때문에 회의 주제에 집중할 수 있도록 서로서로 도와야 한다. 진행자가 있다면 주제가 삼천포로 빠지지 않고 앞으로 나아갈 수 있도록 전환 및 전개의 스킬이 필요하다. 서로가 진지한 눈빛으로 경청하고 있음을 보여주고 어깨를 가깝게 모으며 집중하는 모습을 보여야 한다.

실제로 유머라고 하는 것도 누군가에게 집중하면서 그 시간에 푹 빠져 있을 때 가능한 것이다. 상황을 연출해서 웃기는 개그맨이 아닌 생활 속에서 유머러스한 사람들의 특징을 보면, 상대방의 행동과 이야기를 열심히 보고 들으면서 상황에 맞게 유머를 구사한다. 주변 상황을 생각하지 않고 본인의 이야기로 웃긴다거나 누군가를 깎아내리는 유머는 모두의 웃음을 만들지 못할 때가 많다. 모두가 즐거울 수 있는 유머는 상대의 기분을 상하지 않게 하면서 때로는 본인을 조금 낮춤으로써 모두가 유쾌해질 수 있는 유머다. 그러한 유머의 소재는 상대방의 이야기에서 찾아내는 것이다.

간혹 나에게 강의의 유쾌함과 유머러스함은 어떻게 만드는 거냐고 묻는 사람들이 있다. 나는 주로 교육생의 호응을 귀담아 들었다가 이를 활용해 애드리브로 받아치곤 하는데 그 어떤 웃긴 이야기보다도 반응이 좋다. 그 순간, 그 자리에 있는 모두가 웃을 수 있는 공감대가 이미 형성되어 있기 때문이다.

그러니 회의가 지겹다고 느껴질 때는 적극적으로 의견을 제시하거나 이야기를 이끌어가는 상대방에게 집중해보자. 상대방의 언어 습관을 유심히 관찰하는 것 또한 좋은 경청의 자세로, 회의의 주제에 대한 집중력을 발휘해 그 시간을 적극적으로 보낼 수 있도록 만들어준다. 회의에서는 반드시 배울 거리가 있다는 생각도 도움이 된다. 동료의 말, 동료의 유머, 상사의 노하우, 상사의 순발력, 하다못해 후배의 패션 감각, 이 모든 것을 생각하며 주제와 사람에 관심을 갖고 집중하도록 하자.

지겨운 회의를 즐겁게 만들 수 있는 또 하나의 에너지원은 칭찬이다. 기발한 아이디어가 나오는 순간 모두의 뇌가 열리면서 아이디어에 살이 붙어 완벽한 아이디어가 완성되기도 한다. 그러면 사람들은 마지막에 아이디어를 완성시킨 사람만을 기억할 때가 많다. 하지만 우리가 잊지 말아야 할 것은 미완성이지만 처음에 아이디어를 제시한 사람이 존재했다는 사실이다. 누군가가 화두를 던졌기에 그 모든 회의가 완성되었음을 잊지 말아야 한다. 진행자나 리더는 처음에 아이디어를 낸 사람에 대한 칭찬과 격려를 해줘야 하며 반드시 포상이 따라야 한다.

포상은 경쟁심을 불러일으키고 회의를 신선하게 만든다. 가끔 포상으로 회의가 과열되더라도 지루하고 무미건조한 회의보다는 조금은 긴장감이 넘치고 밀도 있는 회의가 훨씬 유익하다. 커피 한 잔의 포상에도 사람들은 동기를 부여받을 수 있으니 그만큼 회의는 효과적으로 진행될 수 있다.

이렇게 집중하며 경청하고 칭찬을 주고받는다면 회의가 재미없을 리 없겠지만 그래도 회의가 힘들다면 간식의 힘이라도 빌리자. 최적의 집중력을 발휘하는 시간은 평균 30분 정도라고 한다. 30분이 지나면 방관자가 생겨난다. 그러니 회의를 시작한 지 30분 정도가 지나서 모두가 지친 기색이 보인다면 향기로운 차 한 잔, 달콤한 초콜릿 한 조각이 우리를 도와줄 수 있을 것이다. 그리고 그 효과도 꽤 쓸 만하다.

결국 힘든 회의는 회의가 지겹다고 생각하는 사람들이 모여 지루한 아이디어를 일방적으로 말할 때가 아닐까? 능동적이고 적극적이며 개방적인 회의 참여자들이 서로에게 긍정적인 에너지를 나누며 주제에 집중한다면 어려운 회의는 있을지언정 지겨운 회의는 없을 것이다.

회의에 활기를 더해줄 브레인스토밍

회의 때 발언하기는 쉽지 않다. 경력이 없을수록 더 그렇다.
그러나 의견을 말하지 않는 것이 의견을 말하는 것보다 더 어렵다.

우리나라는 회의공화국이다. 여기저기서 공통적으로 하는 이야기로 추정해보건대 불필요한 회의가 많아 그렇게 불리는 듯하다. 실상 회의라고 하는 것은 의사결정을 위한 회의도 중요하지만 의견을 공유하기 위한 회의도 중요하다. 그런데 우리나라의 경우는 의견은 각자 알아서 내고, 모여서는 좋고 나쁘고, 또는 되고 안 되고 등을 결정하는, 즉 목표를 위한 회의만을 추구하는 경향이 있다. 그 때문에 불필요한 회의가 넘쳐나는 것이리라.

어떤 회의에서는 의견을 내놓으면 "김 대리! 그게 될 것 같아?", "그게 말이 돼?", "생각이 있는 거야? 효율성을 따져야지." 이런 식의 공격 아닌 공격이 이어질 때도 있다. 상황이 이러니 의견이 있어도 그다음부터는 '가만히만 있으면 중간은 간다.'라고 생각하게 되는 것일지도 모른다.

회의는 유연한
사고에서부터 시작한다

의견을 내는 회의는 '확산'과 '수렴'의 반복이라고 할 수 있다. 확산은 의견을 많이 내는 과정이다. 의견이 많이 나와야만 그 안에서 옥석도 가릴 수 있고 누군가의 의견에 자극도 받는 것이다. 따라서 회의가 본격적으로 진행되려면 확산 작업이 원활해야 한다.

수렴은 많은 아이디어가 나왔을 때 적절한 아이디어를 추려내는 과정을 말한다. 사공이 많은 곳에서 아이디어가 산으로 가지 않기 위해서는 중간에 걸러내는 단계가 필요하다. 수렴 단계에서 아이디어가 걸러지면 원하는 아이디어에 집중하고 그것을 더 발전시킬 수 있다. 즉 회의는 이렇게 확산과 수렴을 반복하면서 아이디어가 늘었다 줄었다를 반복하는 것이다. 어찌 보면 확산 단계에서 필요한 것은 조직원들의 창의적인 사고이고 수렴 단계에서 필요한 것은 조직원들의 논리적인 문제 해결 능력인 것이다.

흔히들 창의력 교육이라고 하면 무조건 번뜩이는 아이디어를 내는 능력을 키워주는 교육이라고 생각한다. 그리고 교육만 받으면 모두가 에디슨이나 스티브 잡스처럼 시대를 바꾸는 아이디어를 내는 인재가 될 것이라고 생각하는 것 같다.

그러나 실제로 하나의 아이디어가 모양새를 갖추기 위해서는 앞에서 언급한 것처럼 창의적 사고와 비판적 사고가 모두 공존해야 한다. 확산과 수렴을 유연하게 반복할 수 있는 훈련이 되어 있어야 하는 것이다. 그런데 그게 말처럼 쉽지가 않다. 우리나라 사람들의 경우는 늘 수렴에 익숙하게 길들여져 자란 듯하다. 나 또한 여러 보기 중에서 고르는 것에 익숙해져 있어서 하다못해 점심 메뉴를 정할 때도 누군가가 예시를 주고 고르라고 하면 잘 고르는데 먼저 의견을 내라고 하면 그 순간이 불편해진다.

창의적 사고와 논리적 사고가
동시에 필요한 회의

간혹 확산을 잘하는 집단을 만날 때가 있다. 굳이 말하라고 종용하지 않아도 다양한 의견들이 단시간에 나오니 얼마나 좋은가?

"이번에 워크숍은 어디로 가는 게 좋을까요?"

"가을이니까 단풍놀이 어때요?"

"그럼 북한산 어때요? 가깝고 좋잖아요."

"가려면 좀 멀리 갑시다. 늘 가까운 곳으로만 가니까 기분이 안 나요. 지리산 어때요?"

그런데 이렇게 확산만 잘하고 수렴이 되지 않는 집단이라면 어떻게 될까?

"지리산? 겨울산은 강원도지. 설악산 갑시다. 아니면 오대산도 좋잖아요."

"오대산 가보셨어요? 저도 가봤는데 거기 산새 좋죠?"

"거기 절이 하나 있지 않아요?"

"월정사요!"

"아, 월정사가 있었지. 거기보다는 백담사가 낫지. 한 정치인 때문에 유명하기도 하고."

"참, 어제 뉴스 보셨어요?"

이러다가 결국 이 회의의 끝은 전날 본 주말 영화로 마무리된다. 즉 확산만 잘하는 집단은 아이디어가 많아지다 결국 삼천포로 빠져 주제와 멀어지게 될 가능성이 높다. 즐거운 회의가 될 수는 있으나 불필요하게 회의시간도 길어진다.

그렇다면 수렴만 잘하는 집단은 어떻게 되겠는가?

"다들 다음 달에 워크숍 가는 거 알지? 어디로 가면 좋겠어?"

"…."

"왜 말이 없어? 다들 가기 싫구나?"

"저, 그럼 지리산 어때요?"

"좋다. 지리산으로 가자! 다들 어때?"

아마도 많은 조직이 이럴 가능성이 크다. 모두 의견을 내기 주저한다면 이런 식으로 회의가 진행되니 속도는 빨라지겠지만 분명 크고 작은 시행착오를 겪게 될 것이다. 그러니 많은 의견을 나누는 창의적인 확산 단계가 선행되고, 그것을 검증하면서 논리력을 펼치는 문제 해결의 수렴 단계가 따라와야 제대로 된 회의가 가능해진다.

수렴보다 확산을 못하는 사람들이 많기에 '브레인스토밍brainstorming'이 유명해진 게 아닌가 싶다. 브레인스토밍이라는 말은 광고회사에서 근무하던 알렉스 오즈번Alex Osborn이라는 사람이 조직원들은 혼자서 생각하는 것보다 여러 명이 함께 모여서 의견을 나눌 때 더 많은 아이디어가 나온다는 사실을 알게 된 것에서부터 시작되었다. 효과적인 회의가 중요하게 여겨진 시점부터 나온 단어이다 보니, 이 브레인스토밍이라는 말을 들어보지 못한 사람은 거의 없을 것이다. 그런데 정작 강의를 하러 갔을 때 브레인스토밍을 해보자고 하면 교육생들이 망설이는 것을 종종 보게 된다.

브레인스토밍이라는 것을 단어로만 접했을 뿐이지, 몸으로 직접 경험해본 적은 많지 않기 때문이다. 브레인스토밍에는 4가지 원칙이 있다. 브레인스토밍을 제대로 활용하기 위해서는 이 원칙을 자유자재로 원활하게 사용할 수 있을 만큼의 유연한 사고와 태도가 있어야 한다. 불필요한 회의가 많다고 불평하기보다는 회의에 활기를 더해줄 브레인스토밍의 4가지 원칙을 기억해두자. 나중에 상사가 된다면 그런 불필요한 회의를 만들지 않는 리더가 되겠다고 생각하는 것이 무익한 불평보다는 훨씬 건설적인 생각이다. 그렇다면 우리가 알아야 할 브레인스토밍의 4가지 원칙은 무엇일까? 다음 페이지에서 자세히 알아보겠다.

브레인스토밍,
어떻게 하면 좋을까?

아이디어는 내는 것이 아니라 발견하는 것이다.
차이를 받아들이면 창의가 보이고 불가능할 것은 없다.

"대리님, 전화 걸었을 때 들리는 따르릉 소리요, 너무 지겹지 않아요? 상대방이 전화받을 때까지 들리는 소리를 다양하게 하면 지겹지도 않고 사람들이 좋아하지 않을까요?"

"그럼 무슨 소리가 들리면 좋겠는데?"

"예를 들면 동요도 좋고, 가요도 좋을 것 같아요. 흥얼거리면서 기다리면 좋잖아요."

"그래? 그럼 그걸 서비스로 제공하면 얼마를 받을 건데?"

"글쎄요. 건당 100원이나 200원 정도? 잘되면 더 받으면 되죠."

"그렇게 푼돈 받아서 언제 대박 나겠냐? 다른 거나 생각해봐."

결국 이 아이디어는 타사에서 서비스로 개발되었고 소위 말해서 '대박'이 났다. 아랫사람의 의견을 그저 본인의 생각만으로 닫아버린 이 상사는 꽤 오랫동안 자책했고, 사람들에게 자신이 얼마나 큰 실수를 했는지 고백해야만 했다.

무작정 아이디어를 많이 내고 많은 이야기를 공유한다고 해서 좋은 회의가 되는 것은 아니다. 만약 어떻게 해야 좋은 회의를 할 수 있는지 머릿속에서 그림이 그려지지 않는다면 '브레인스토밍'의 원칙을 따라가 보는 것이 좋다. 적어도 지금 소개한 예시가 마음에 와닿았다면 다음에 나올 브레인스토밍의 첫 번째 원칙을 확실히 지키며 회의에 개방적인 자세로 임할 수 있을 것이다.

원칙을 아는 것과 모르는 것은
하늘과 땅 차이

앞서 말했듯 브레인스토밍은 4가지의 원칙을 가지고 있다. 첫 번째 원칙은 가장 많이 알려져 있는 말로 '비판 금지'다. 그런데 실제로 원어를 보면 무조건 '비판 금지'라기보다 '판단을 미뤄두다Defer judgement.'라고 할 수 있다. 아무리 좋은 관계라 하더라도 의견의 차이가 생길 수 있는 회의에서 얼굴을 맞대고 의견을 듣다 보면 자기도 모르게 의견을 비판할 수도 있지 않겠는가? 그러나 비판적 의견은 하루 정도 묵혀둘 필요가 있다. 이는 그 하루 동안은 선입견에서 벗어나 아이디어 자체만을 두고 진지하게 생각해보라는 뜻이다. 즉 객관적으로 생각해보라는 의미가 아니겠는가? 그러니 브레인스토밍은 1단계인 '비판 금지' 혹은 '판단 보류'에서 시작한다.

판단 보류가 가능하다면 두 번째 원칙도 가능해질 것이다. 두 번째 원칙은 바로 '어떤 아이디어라도 일단 제시하라Encourage wild ideas.'다. 이와 관련해 재미있는 연구결과가 있다. '이성이 함께하는 집단과 동성이 함께하는 집단에서 아이디어 회의를 했을 때 실제로 어느 집단에서 아이디어의 양이 더 많이 나올까?' 하는 연구였다. 재미있는 건 특히 우리나라의 경우 이성보다는 동성이 함께하는 집단에서 훨씬 더 많은 아이디어가 나왔다고 한다. 우리는 꽤나 많이 이성을 의식하는 모양이다.

2단계 원칙은 자신의 모든 역할에서 객관적인 자세를 취해 그 순간만큼은 아이디어를 내는 하나의 조직원으로서 자유분방한 사고를 펼치라는 것이다. 적어도 회의만큼은 서로 자유롭게 사고할 수 있도록 리더를 포함한 모든 조직원들이 노력해야만 다음 단계도 활용할 수 있다.

3단계는 1, 2단계가 가능하다면 이룰 수 있는 것으로, '많을수록 좋다Go for quantity.'다. 많은 양의 아이디어가 나와야 서로에게 자극제가 될 수 있다. 실제로 네이밍을 위한 회의를 2개의 집단으로 나누어 진행한 실험이 있었다. 한 집단은 60명 정도를 한 회의장에 모아두고 2시간여 동안 회의를 진행했고, 한 집단은 60여 명을 6명씩 10개의 조로 만들고 20분마다 조원을 바꿔가며 회의를 진행했다. 어느 쪽에서 더 아이디어가 많이 나왔겠는가? 짐작할 수 있듯이 두 번째 집단이다.

첫 번째 집단은 그렇게 오랜 시간을 붙잡아두다 보니 목소리 큰 사람이 생겨나고 그쪽으로만 아이디어가 편중되었다. 결국 어느 순간부터는 사고의 틀이 한정되어버린 것이다. 그런데 다른 실험군에서는 지속적으로 조원들을 새로운 사람들로 바꿔주었더니 사람마다 어떤 조에서는 목소리를 내는 리더가 되었다가 어떤 조에서는 의견을 듣는 청중이 되었다. 청중으로 누군가의 의견에 자극을 받으면서 상황에 따라 역할이 바뀌고 더 많은 자극을 받아서 결국 더 다양한 아이디어가 나오게 되는 것이다. 이런 결과를 보았을 때 '많을수록 좋다.'를 이루려면 이전의 2가지 조건인 '판단 보류'와 '어떤 아이디어라도 일단 제시하라.'가 선행되어야 한다. 물론 이러한 원칙보다 더 중요한 것은 회의에 임하는 참여자의 자세다.

회의란 좋든 싫든
시너지를 창출하는 것

마지막 원칙인 4단계의 내용을 알고 나면 우리는 참여자의 자세가 얼마나 중요한 것인지 잘 알 수 있게 된다. 단언컨대 4단계 원칙은 1, 2, 3단계가 원활한 고수들의 집단에서 가능한 원칙이라 여겨진다. 우리 모두가 스티브 잡스는 아닐 수 있다. 그러나 우리 바로 옆의 동료는 스티브 잡스가 될 수 있지 않겠는가? 즉 누군가가 의견을 내면 포용과 겸손의 자세로 그 의견을 경청하고 '그럴 수도 있겠다. 가능할 수도 있겠다.'라며 그 의견에 동의해보자. 이로 인해 스스로의 의견도 더 나은 의견으로 발전시켜나가게 되는 원칙, 이것이 바로 4단계 '다른 이의 아이디어를 발전시키자Build on the ideas of others.'다.

누군가의 아이디어를 듣고 마음속으로 '그게 과연 될까?'라는 생각이 들 수도 있겠지만 그것을 겉으로 표현해 "에이, 말도 안 되지."라고 말하지는 말자. "그래? 그럼 그 단점을 보완하기 위해서는 어떤 추가적인 지원이 있어야 하지?"라며 발전적인 질문을 던져보자. 이렇게 이야기를 나누다 보면 설사 처음의 아이디어는 사라졌을 수도 있지만 그 과정 속에서 긍정적인 자극을 받아 더 완성도 있는 의견이 나올 수도 있다.

회의를 하는 순간만큼은 회의에 참여한 모든 조직원들이 서로에게 자극제가 되는 환경이 마련되어야 한다. 결국 4단계는 1, 2, 3단계를 제대로 파악하고 이해하는 집단이 지킬 수 있는 진정한 고수의 기술이 아니겠는가? 이 4가지 원칙의 기본이 바로 우리 자신의 태도에서 비롯될 수 있음을 눈치챘다면 적어도 우린 서로에게 좋은 자극제가 될 수도, 나쁜 걸림돌이 될 수도 있음을 잊지 말아야 한다.

신입사원들에게 이러한 사례들을 들려주면 "우리 상사들은 이런 걸 몰라요."라고 답하는 것을 자주 들었다. 물론 상사들이 모를 수도 있다. 하지만 그렇게 불만으로 가득 차서 바라보는 상사의 자리에 당신이 올랐을 때를 생각해보자. "당신과 함께 회의하는 시간은 정말 멋져요."라는 이야기를 후배에게 듣기는 평생 함께할 인연을 한눈에 알아보는 것만큼 어려울 것이다. 그러니 본인이라도 꼭 기억하도록 하자. 그러면 이 모든 것들을 실천하는 회의의 리더가 되는 순간부터 당신은 훌륭한 리더가 될 것이고 조직 또한 더 나은 방향으로 나아가게 될 것이다. 그렇게만 된다면 그 순간부터 회의는 더 이상 견뎌야 하는 시간이 아니라 모두가 바라고 있는, 즐길 수 있는 놀이가 될 것이다. 그렇게 되면 더 나아가 우리 조직은 즐겁게 일할 수 있는 멋진 놀이터로 변할 수 있지 않겠는가?

마지막으로 최상의 컨디션을 이룰 수 있는 회의 환경의 조건을 연구한 학자들의 주장을 살펴보려 한다. 학자들에 따르면 회의를 하는 조직원은 6~8명 정도가 적당하다고 한다. 그 이상이면 방관자가 생기기 때문이다. 또한 전문가와 반 전문가가 적절히 섞여 있을 것, 그리고 모두가 원탁에 앉아 얼굴을 마주할 수 있다면 최적의 회의 환경이 된다.

회의 진행자에게도 조건이 붙는다. 회의 진행자는 조직의 리더보다는 평소 리더의 오른팔이나 왼팔의 역할을 하는 사람으로, 목소리가 큰 사람보다는 그런 사람들을 옆에서 보좌하는 사람이 좋다. 그리고 모두를 이끌고 가는 데 반대의 목소리가 없도록 공정한 진행의 능력까지 갖춘다면 더할 나위 없다고 한다.

회의 진행자는 마치 '여행 가이드'와 같다. 여행 가이드는 낯선 곳에서도 믿을 수 있는 사람이어야 하며, 무엇이든 물어보면 친절히 대답해 줄 것 같은 사람으로, 왠지 낙오자 없이 모두를 끌고 갈 것 같은 느낌이

든다. 그래서 회의 진행자는 여행 가이드 같은 사람이라면 좋을 것이다. 회의가 멋진 아이디어를 만나기 위해 잠시 떠나는 여행과 같다면 우리는 서로를 믿고 의지하며 즐겁게 임할 수 있지 않을까? 게다가 회의를 돈을 낸 여행이라고 가정한다면 모두 최선을 다해서 회의에 임하게 되지 않을까 하는 생각도 해본다.

지금 이 순간 논리적인 사람들은 "에이, 말도 안 돼! 그런 회의는 없습니다."라고 할 것이다. 만약 그렇게 생각했다면 브레인스토밍의 1단계를 다시 생각해보자. 비판을 하기 전에 판단을 잠시 미뤄두도록 하자.

회의를 하다 보면 함께 회의하고 싶은 사람과 함께하고 싶지 않은 사람이 있다. 잘난 체만 하는 사람은 회의에서 사람들이 가장 싫어하는 유형이다. 남의 말은 자꾸만 아니라고 하면서 자기 말만 주장하는 사람은 꼴불견처럼 여겨진다.

했던 말을 또 하고 또 해서 논지를 흐리게 만들거나, 낙서하기, 휴대폰 만지작거리기, 딴 생각하며 초점 없는 눈으로 쳐다보기 등 회의의 집중력을 분산시키는 사람도 동료들은 싫어한다. 그 회의에 당신이 진행자로 서 있다고 생각해보라. 이런 사람들에게 꿀밤이라도 때리고 싶은 심정일 것이다.

반대로 논지를 흐리지 않으면서 핵심을 말하는 사람이나 서로 의견이 통할 수 있도록 해결책을 제시하는 사람들, 그리고 우리의 이야기를 경청하며 직급이 낮다고 무시하지 않고 의견을 존중해주는 사람과는 매일이라도 회의를 하고 싶을 것이다.

우리나라 사람들은 자신의 회의 능력이 평균 이상이라고 생각한다는 기사를 접한 적이 있다. 회의의 능력이 아이디어를 많이 내고 핵심을 찌르는 질문을 하는 것만 일컫는 것은 아닐 것이다. 당신이 과연 누군가에게 함께 회의를 하고픈 사람일지 생각해봐야 한다.

상대를 미치게 하는
'아'와 '어'의 차이

인생은 학기처럼 구분되어 있지도 않고 방학이란 것은 아예 있지도 않다.
스스로 알아서 하지 않으면 직장에서는 가르쳐주지 않는다. _빌 게이츠

외국어에도 그런 부분이 없지 않겠지만 특히 한국어는 말에서 주는 느낌이 굉장히 강하다. 같은 말을 하더라도 감정에 치우치는 순간 말의 의미는 달라진다. "아 다르고 어 다르다."라는 속담도 있지 않은가?

"자네는 정말 능력자인 것 같아. 이번 기획도 굉장히 훌륭했어!"

"자네, 차~암 능력자야. 이번 기획도 얼~마나 대~단하던지!"

같은 말이라 하더라도 전자는 그 사람에 대한 존경과 감탄이 있는 반면에 후자는 왠지 모를 적대감과 불편함이 드러나 있음을 느낄 수 있을 것이다.

같은 단어를 말하면서도 모두가 다른 생각을 할 수 있는 상황도 있다.

'눈'이라는 단어를 보며 누군가는 한겨울에 내리는 눈을 떠올리고 누군가는 사랑하는 연인의 눈을 떠올린다.

이처럼 하나의 단어를 가지고도 모두 다른 생각을 할 수 있는데 그 단어에 감정까지 담아 말해버린다면 의도하지 않았음에도 험담을 쉽게 하는 사람이 될 수도 있다. 자신이 알지 못하는 사이에 적을 한 부대 만들 수도 있다는 말이다.

그래서 말은 훈련이 필요하다. 허물없는 사이에서도 자기가 한 말이 혹시나 상처가 되지 않을까 염려하기 마련이다. 하물며 아직 잘 알지 못하는 조직원 앞에서, 조심스러운 상사 앞에서는 더군다나 정신 바짝 차리고 '정석'다운 말을 하는 것은 당연하다. 감정을 전혀 담지 않아 건조하고 영혼 없는 대화를 하라는 의미가 아니라 함부로 말을 꼬거나 비틀거나 하지 말라는 것이다. 그러기 위해서는 상황과 태도에 흔들리지 않는 말의 규칙들을 몸에 익히고 실천해야 한다.

언제나 기억하고
지켜야 하는 원칙들

상사가 어느 날 질문을 한다.

"네가 생각하기엔 A 계획이 낫냐? B 계획이 낫냐?"

김 주임이 대답한다.

"제 생각에는 A가 나은 것 같습니다. 시간, 비용을 생각했을 때 A가 더 효과적이지 않을까요? 현재 저희가 프로젝트를 여러 개 하다 보니 인원도 많지 않은데 투자 대비 생각해본다면 B는 자칫 용두사미가 될 수도 있을 것 같아요. 규모 면에서는 B가 좋겠지만 저희의 상황을 고려하면 지금 시점으로는 A를 진행하는 것이 맞는 것 같습니다."

이 주임이 대답한다.

"A는 시간과 비용은 적게 드는데 규모가 좀 작다 보니 결과가 눈에 띄진 않을 것 같습니다. 반면에 B는 시간과 비용은 많이 들지만 워낙 규모가 커 확실히 눈에 띌 순 있습니다. 그런데 지금 저희는 여러 가지 프로젝트를 진행하느라 B를 진행할 인원이 충분하지 않습니다. 그래서 저는 A가 맞다고 생각합니다."

똑같은 대답인데도 김 주임의 대답에는 주장이 확실히 느껴진다. 결론부터 전달하고 다음의 이야기를 이끌어가서 뒤의 내용들이 모두 첫 결론을 지지하고 있다. 그러나 이 주임의 대답을 보면 결론은 김 주임과 같으나 머릿속에서 정리되지 않은 말을 그대로 전달하고 있는 것처럼 느껴진다. 장점은 B가 많은데 우리는 어쩔 수 없이 A를 선택하는 것처럼 느껴지지 않는가? 같은 내용의 말이라도 배치를 어떻게 하느냐에 따라, 어떤 단어를 먼저 말하느냐에 따라서도 말의 느낌은 달라진다. 즉 말의 정석, 규칙을 아는 것과 모르는 것에는 엄연한 차이가 있다.

예를 들면 '누군가가 말을 하면 열심히 들어준다.', '공감할 땐 호응도 아끼지 않는다.', '남의 험담을 쉽게 하지 않는다.' 등 이 모든 것들이 말로 호감을 사는 사람들의 정석이다. 보고할 때는 결론부터 말해야 한다거나, 상대가 들을 수 있는 타이밍에 자신의 의견을 전달한다거나, 기승전결과 '서론-본론-결론' 등 알아듣기 쉽게 말한다는 등의 원칙들은 보고로 능력을 인정받고 있는 사람들의 변하지 않는 정석이다. 이 모든 원칙들은 단순히 회사에서만 쓰이는 것이 아니기에 언제나 기억하고 있어야 하는 자세라 할 수 있다.

비즈니스의 정석은
반드시 알아야 한다

고등학생 시절 수학을 정말 잘하던 쌍둥이 친구가 있었다. 한 친구는 나와 1학년 때, 한 친구는 나와 2학년 때 같은 반이었는데 이 친구들은 쌍둥이지만 서로 치열한 경쟁자이기도 했다. 들리는 소문에는 새벽까지 공부를 하면서도 서로 늦게까지 공부하려고 경쟁하는 바람에 이 친구들의 어머니가 고생이 이만저만이 아니라는 이야기까지 있었다. 이들은 학교에서 전교 1, 2등을 다투는 수재들이었으며 노력파였다. 상황이 이렇다 보니 이 친구들의 짝꿍은 상대적으로 부담스러울 수밖에 없었다. 선생님들에게는 은연중에 비교 대상이 될 수도 있고, 혹시나 쌍둥이들의 성적이 떨어지기라도 하면 짝꿍 때문이라는 오해를 살 수도 있는 것 아닌가?

그런데 내가 바로 그들의 짝꿍을 꽤나 오랫동안 했다. 그 친구들이 나를 짝꿍으로 지목한 적도 있었기에 그 이유를 생각해본 적이 있다. 한 가지 확실한 것은 내가 그들의 시간을 방해하지 않았기 때문이 아닌가 싶다. 그 친구들에게 부탁해 어려운 문제를 풀어달라고 해본 적도, 어떻게 하면 그렇게 공부를 잘하냐고 물어본 적도 없다. 있는 둥 마는 둥 옆에 있는 나 같은 짝꿍이 그들은 좋았으리라 짐작한다. 그런 내가 딱 한 번 쌍둥이 중 동생에게 수학 문제를 물어본 적이 있었다. 정말 그날만큼은 수학의 능력자인 내 짝꿍이 어떻게 문제를 푸는 걸까 궁금했던 것 같다.

"저기 이 문제 푸는 법 알아?"

"아, 이 문제는 『수학의 정석 2』 128쪽에 나오는 공식 3번을 활용하면 돼. 아마 숫자만 다르고 거의 비슷할 거야. 조금 더 비틀어져 있기는 한데 그 페이지를 잘 읽어보면 풀 수 있을 거야."

쌍둥이 친구들이 워낙 심성이 착했기에 누가 수학 문제를 물어보든지 친절히 대답해주었을 것이다. 중요한 것은 모두들 그 친구를 방해하지 않으려고 잘 물어보지 않았고, 그래서 그 친구가 대답해주는 것을 거의 본 적이 없었을 뿐이다. 하지만 내가 놀란 것은 그 친구의 친절함이 아니었다.

『수학의 정석 1, 2』에 얼마나 많은 수학 공식들이 있을지 굳이 책을 들여다보지 않아도 알 수 있다. 게다가 각 공식마다 기본 문제에서 응용 문제까지 얼마나 많은 문제가 나와 있는가? 그런데 문제를 보자마자 그 문제의 토대가 되는 공식이 무엇인지, 게다가 그 공식이 목침만큼 두꺼운 그 책 몇 쪽에 나와 있는지를 정확히 말해주던 그 친구는 놀라움 그 자체였다.

우연의 일치였을 수도 있다. 내가 물어보기 직전에 그 페이지를 보고 있었을 수도 있고, 자신 또한 그 공식이 이해가 안 되어 그 페이지만 몇 번을 보고 또 외우고 했을 수도 있다. 하지만 우연이든 아니든 그것은 중요하지 않다. 그만큼이나 열심히 수학 공부를 했다는 것이 더 중요하지 않은가? 그 친구는 『수학의 정석』을 닳고 닳을 때까지 풀고 또 풀었을 것이다. 몇 번이고 그 책을 처음부터 끝까지 살펴보았을 것이며, 어려운 문제와 만날 때마다 귀찮고 힘들지만 두 권을 모두 들고 다니며 펼치고 또 펼쳤을 것이다. 그만한 노력을 했기에 문제를 보자마자 그와 같은 답을 해줄 수 있었던 것이라고 생각한다.

직장생활이나 사회생활을 하다 보면 수많은 비즈니스의 정석을 만나게 된다. 책으로 만날 수도 있고, 강의로도 만날 수 있다. 그런데 그 모든 정석을 제대로 익히고 실천하는 길은 생각보다 쉽지 않다.

학교 다닐 때 시험을 잘 보려고 노력한 적이 있지 않은가? 시험을 잘 보기 위해서 노력했던 시간은 아마 짧게는 일주일에서 길게는 몇 달의 기간이었을 수 있다. 이처럼 학교 시험을 위해서도 시간을 투자해야 하고 노력이 필요한 법이다. 그런데 우리의 인생을 좌지우지할지도 모르는 직장에서 한 분야의 리더가 되기 위해 정석의 책 한 권 보지 않은 채, 누군가의 강의 한 번 듣지 않고서 어떻게 매일매일이 시험이라 할 수도 있는 조직생활에서 수재가 될 수 있겠는가? 스피치든, 커뮤니케이션이든, 협상이든, 리더십이든, 기획이든, 회의든 모든 것들에는 정석이 있다. 정석을 열심히 파다 보면 응용은 무척 쉬워질 것이다.

비즈니스 커뮤니케이션의 정석은 결론부터 말하는 것이다. 그래야만 상대방이 잘 알아들을 수 있다. 또 간결하게 말하기 위해 겹치는 내용이 있으면 안 되며 말은 모호하지 않고 구체적으로 해야 한다. 아울러 설명의 대화인지, 설득의 대화인지를 구분하고 쓸데없는 뉘앙스로 상대방이 오해하지 않도록 해야 한다. 깔끔하고 정확하게 말하기 위해 스피치의 기본 요소도 반드시 점검해볼 필요가 있다. 발음, 억양, 말의 속도, 목소리 크기 등 사소한 요소들도 커뮤니케이션의 정석을 만드는 데 반드시 필요한 요소다.

새까맣고 너덜너덜했던 쌍둥이 친구의 『수학의 정석』 책과 같은 뭔가를 우리는 사회인이 되어서도 가지고 있어야 한다. 커뮤니케이션의 고수가 되기 위한 노력을 그만큼 하고 있는지 생각해보며 말하기의 정석들을 되뇌어보자.

일찍 경험할수록 잘할 수 있는 것, 프레젠테이션

프레젠테이션은 연기다.
떨리지 않는 게 아니라 감추는 것이다.

내 초등학교 생활기록부에는 '내성적인 아이'라는 선생님의 평가가 있다. 그렇게 내성적이었던 내가 강의를 한다고 하면, 사람들은 사춘기 때 무슨 일이 있었냐고 농담을 하곤 한다. 내성적이기만 했던 내가 어떻게 지금처럼 사람들 앞에서 이야기하는 직업을 가지게 되었을까?

초등학교 1학년 때 나는 같은 학년 친구들 중에서 가장 키가 큰 학생이었다. 그러니 교실 맨 뒷자리에 앉아 있어도 눈에 띄었을 것이 분명하다. 학교 방송반을 담당하셨던 1학년 담임선생님은 어느 날 나를 교내 방송실로 데리고 가서 종이에 쓰여 있는 짧은 문장을 또박또박 읽으라고 하셨다. 내 기억에는 "○○담당 선생님께서는 지금 곧 교무실로 와주시기 바랍니다." 정도의 멘트였던 것으로 기억한다. 그때는 선생님이 시키는 일이니 아무 생각 없이 하긴 했는데 지금 생각해보면 초등학교 1학년이 교내 방송을 하는 일은 거의 없지 않은가?

그런데 그날 이후로도 한두 번 담임선생님은 내게 방송을 시키곤 하셨다. 게다가 그것이 끝이 아니었다. 키가 크고 덩치가 있으니 뚝심도 있을 거라면서 웅변과 동화까지 나에게 가르치려 하셨다.

당시 내가 다닌 초등학교 내에는 동화구연반이 있었는데 지금으로 따지면 방과 후 수업 정도 되었던 것 같다. 결국 난 1학년인데도 하루는 동화반에서 동화구연을 배우고 하루는 선생님에게 웅변을 배우게 된 것이다.

사람들 앞에서 말하는 건
부담스러운 일이다

지금 다시 생각해봐도 선생님이 무슨 근거로 나를 지목해서 말하기 훈련을 시켜주신 것인지 궁금할 뿐이다. 물론 감사한 마음이 들기도 하지만 그 당시에는 어린 마음에 특별한 관심을 가져주시는 선생님이 밉기도 했다. 큰 키로 인해 안 그래도 눈에 띄는 나는 가만히 있어도 사람들의 시선이 느껴지는데, 동화구연과 웅변으로 남들 앞에서 말한다는 건 내성적인 내게 시련과도 같았다.

어른이든 아이든 남들 앞에서 말한다는 건 부담스러운 일이며, 어느 대학의 연구결과를 굳이 언급하지 않아도 누구에게나 두려운 일 중 하나일 것이다. 그만큼 당시 초등학교 1학년이었던 내가 동화 구연이나 웅변을 감당하기 어려워했던 것은 어찌 보면 당연한 일이다.

물론 나중에 알고 보니 선생님은 몇몇 다른 친구들에게도 동일한 웅변 대본을 주셨다. 그런데 그날 숙제는 그날 하는 것이 맞다고 생각하는 나와 엄마는 비록 하기 싫었지만 최선을 다해서 그 대본을 외우려고 애썼다. 그렇게 대본을 외워 반 친구들 앞에서 읊은 학생은 나 하나뿐이었고, 결국 나에게만 그 미션이 오래도록 주어지게 된 것이다.

그 덕분에 나는 교내 웅변 발표회에 1학년 대표로 운동장 단상에 서서 스탠드 마이크를 잡고 울며 겨자 먹기로 발표하기에 이르렀다. 그리고 그 큰 운동장 단상 위에서 발표했던 경험을 바탕으로 2학년 때는 전국 웅변대회를 나가게 되었다. 전국대회는 공설운동장 같은 곳에서 개최되어 얼마나 많은 사람들이 모였는지, 웅변을 시작하기 전부터 울먹거렸던 기억이 난다. 순서가 되어 앞에 섰을 때는 그 관중들이 나를 공격하러 달려드는 대군처럼 느껴졌다.

큰 무대에서의 경험 덕분인지 몇 번의 대회에서 상을 받았고 자연스럽게 학교에서도 반장을 하게 되었다. 3학년이 되었을 때는 반장이 하기 싫어 선거하는 날에 결석하겠다는 내게 엄마는 추천하는 친구가 없으면 그만이니 얼른 학교를 가라고 등을 떠미셨다. 그러나 나는 나를 너무나 아껴준 친구들 덕에 결국 반장이 되었다. 진심으로 말하건대 나는 정말 반장을 하기 싫었다. 사람들 앞에서 말하는 것도 싫었다. 어쩌면 등 떠밀려 나간 두세 번의 대회가 무대 경험이 되어 내 말투가 조금 더 숙련된 후보자처럼 느껴졌을 수도 있다. 그래도 고작 초등학교 3학년생 사이에서 말 잘하는 아이와 못하는 아이가 뭐 그리 차이가 났을까 싶다.

그런데 재미있는 건 4학년이 되어서부터는 '혹시나 또 반장 후보로 나가서 말을 하게 되면 어쩌지?'라는 생각에 학기 초에 학교에 가는 길에서 나도 모르게 입으로 연습을 했다. 앞에 나가서 부끄럽지 않으려면 뭔가 준비를 해야 한다고 생각했던 것이다.

3학년 때처럼 얼버무리지는 말자 싶었던 기억도 난다. 결국 4학년 때도 반장을 했던 나는 2학기 때 다른 도시로 전학을 갔는데, 5학년 때도 반장을 했고, 6학년 때는 덜컥 전교 회장을 해버렸다. 그럼에도 불구하고 6학년 생활기록표를 보면 나는 '내성적이나 리더십이 있는 아이'로 표현되어 있다. 선생님의 눈에는 전교 회장이 되어도 난 여전히 내성적인 아이였던 것이다.

말솜씨는 과연
타고나는 것일까?

강의를 하다 보면 "강사님처럼 말을 잘하려면, 사람들 앞에서 떨지 않고 말하려면 어떻게 하면 되나요?"라고 묻는 교육생들이 참 많다. 그러면 목구멍이 포도청이고 이게 직업인데 이 정도는 해야 하지 않겠냐며 웃어 넘기기도 하지만, 솔직히 말하면 열심히 연습을 강요받게 되면 잘할 수 있다고 말하고 싶다.

가끔은 '혹시 말솜씨도 타고나는 것인가?'라는 생각을 한다. 물론 부모의 영향이 있을 수 있겠지만 그 또한 어찌 보면 환경이 아니겠는가? 열심히 말을 시키고 들어주는 부모가 있다면 자식의 말솜씨는 나아진다. 나 또한 초등학교 때 억지로라도 말할 기회를 주고 나를 떠밀어 무대에 올려주신 1학년 담임선생님이 계셨기에, 나를 기꺼이 좋아해주며 회장 후보로 추천해준 친구들이 있었기에 말하기 연습을 할 수 있었다. 그렇게 주변에서 나를 훈련시켜주었으니 하면 할수록 사람들 앞에서 말하기가 더 편안해졌던 것이리라.

한편으로는 만약 내가 초등학생이 아닌 중학생이나 고등학생이었더라면 반항했을지도 모른다는 생각도 든다. 내게 뭔가를 자꾸 외우라고 하는 선생님을 미워하며 그 선생님의 수업은 하나도 듣지 않았을지도 모른다. 생각이 생기고 주관이 확고해지는 나이에 이유 없이 뭔가를 자꾸만 하라고 시키면 누가 아무 말 없이 따르겠는가? 게다가 자신에게 그 재주가 없음을 잘 아는데 그걸 시킨다고 최선을 다해 연습할 청소년이 어디 있겠는가? "나 말고 잘하는 친구 시키세요!" 아마 이렇게 말했을 것이다.

하지만 나는 반항하기에는 너무 어렸다. 초등학생이었고 아무것도 모를 때라 시키면 시키는 대로 해야 사랑받는다고 생각했다. 그리고 그렇게 하면 많은 어른들이 칭찬해주니 하고 또 했던 것이다. 이렇게 생각 없이 받아들이고 했기 때문에 가능했던 일이 아닐까 한다. 그 덕분에 나만의 특기를 발견할 수 있었다. 물론 이는 내 안에는 없던 특기였을 수 있다. 그러나 내 안에 없었더라도 나를 둘러싼 환경이 나를 발전시킬 수도 있는 것 아니겠는가?

신입사원은 학생으로 치면 초등학생과 같다. 그러니 무엇이든지 시키면 일단은 해봐야 한다. 신입이기 때문에 가능한 것이다. 특히 그것이 발표의 기회라면 나는 주저 없이 손을 들라고 말하고 싶다. 간혹 상사 앞에서 하게 되는 프레젠테이션의 기회를 서로 하기 싫어서 떠미는 신입사원들을 볼 때가 있다. 그럼 그들에게 말한다. 이런 기회는 흔치 않은 것이고, 평생 사람들 앞에서 멋있게 발표할 수 있는 기회는 많지 않으며, 신입사원이 아닌 다른 직급은 실수가 너그럽지 않는 자리이기에 직급이 올라갈수록 발표는 더욱더 어려울 것이라고 말이다.

신입사원만이 가지고 있는 장점이 무엇이라고 생각하는가? 실수도, 떠는 것도 어느 정도 이해받을 수 있다는 것이다. 다 처음 해보는 사회생활이니 신입이라고 하는 것 아니겠는가? 프레젠테이션도 기회가 많을수록 익숙해지는 것이며 실력도 기회만큼 느는 것이다. 특히 남들 앞에서 하는 모든 종류의 말하기 경험은 장담컨대 하면 할수록 실력을 향상시킨다. 또한 실전에서 직접 해보는 것과 혼자 상상하거나 연습해보는 것은 하늘과 땅만큼의 차이가 있다. 말하기 능력을 키우고 싶다면 실전의 경험을 강요당해보기를 기원하는 바다. 아무도 추천해주지 않으면 손을 번쩍 들어서라도 신입 때 꼭 한 번 기회를 가져보기를 추천한다.

혹시 당신은 원치 않는데 상사가 자꾸만 당신을 훈련시키려 한다면 절대 괴로워하지 말자. 그는 당신에게 기회를 주고 있는 것이다. 기대가 커서 부담스러울 수도 있으나 그저 상사의 기대를 만족시키기 위한 노력이라기보다 자신에게 더없이 좋은 기회라고 쿨하게 받아들이면 좋겠다. 그럴 수만 있다면 그 기회는 반드시 돈으로 살 수 없는 값진 경험이 될 것이다. 또한 그 과정에서 프레젠테이션이라는 짐이 점점 더 가벼워질 것이다.

처음 강의를 시작할 때 하루 8시간의 강의 내용을 대본처럼 만들어본 적이 있다. 멘트 하나하나를 모두 구어체로 썼을 뿐만 아니라 중간에 교육생과 하게 될 농담까지 모든 것을 다 작성했더니 A4용지 20여 장이 넘었다. 그리고 그것을 프린트해서 흔히들 말하는 것처럼 정말 달달 달 외웠다. 누가 살짝 건들기만 해도 오프닝 멘트가 저절로 나올 만큼 외웠다.

그렇게 다 외우는 데 꼬박 이틀이 넘게 걸렸다. 그다음에는 전신거울을 앞에 세우고 액션과 표정까지 연습하기를 또 이틀, 다음 단계로는 시간을 재면서 정확히 연습해보는 데도 이틀이 걸렸다. 물론 강의 내용을 워드로 작성하는 데도 이틀 정도가 소요되었다. 생각해보면 정말 완벽한 하루 8시간의 강의를 위해 열흘 이상을 준비했다. 관련된 책을 보거나 자료를 모으는 시간을 제외하고도 말이다.

잠자는 시간을 빼고 오로지 그 강의 준비에만 매달렸다. 생각해보면 8시간의 강의를 위해 100시간 이상을 투자한 것이다. 그러니 만약 10분의 프레젠테이션이라면 적어도 그 10배인 100분 이상은 중얼거려야 할 것이며, 30분 정도의 연설이라면 300분 이상은 연습해보는 것이 제대로 된 준비가 아니겠는가?

사람들 앞에서 말하는 것이 두려운 이유는 아마도 준비 미흡 때문이 아닐까 한다. 완벽하게 준비해서 더 이상의 연습이 필요없을 만큼의 상태가 되었다면 그렇게 떨리지는 않을 것이다. 물론 나는 연극배우, 아나운서, DJ 등의 경험으로 말하기 훈련이 된 상태여서 이 정도였다고 생각한다. 따라서 평소 사람들 앞에서 말할 기회가 없고 사람들 앞에 서면 자동으로 덜덜덜 떨려온다면 위에서 언급한 시간 이상을 투자해야 할 것이다.

물론 회사생활을 하면서 이렇게 모든 일에 시간을 내기가 쉽지 않다는 것을 안다. 그러나 한 번이라도 강한 마음을 먹고 최선을 다해 연습해본다면 드라마틱한 변화를 얻을 수 있을 것이다. 분명한 건 말하기 연습 또한 한 만큼의 대가와 보람을 주는 꽤 괜찮은 비즈니스 스킬이라는 것이다. 그러니 누구의 강요에 의해서라도 자신을 하드 트레이닝시키고 변화할 수 있는 그 드라마틱한 순간의 희열을 꼭 맛볼 수 있길 바란다.

TIP! 당당하고 자신감 있게 말하기 위한 준비 사항

① 대본을 철저히 준비한다.

② 청중을 정확하고 자세하게 분석한다.

③ 어떤 공간에서 무엇을 활용하는지 무대에 대한 정보를 확인한다.

④ 무엇을 말하는지도 중요하지만 어떻게 말하는지도 중요하다. 머리에서 발끝까지 보이는 모든 것을 점검한다.

⑤ 사소한 행동이 말의 전달력을 떨어뜨릴 수 있다. 중요한 말이라면 제스처까지 점검한다.

말하기 훈련을 위한 참고 도서

• 『조벽 교수의 명강의 노하우 & 노와이』(해냄출판사, 2010): 조벽 지음.
• 『유정아의 서울대 말하기 강의』(문학동네, 2009): 유정아 지음.

TIP! 유창하고 자연스럽게 말하기 위한 지침

① 자신감 있는 태도, 또렷한 눈동자, 밝은 표정, 정확한 발음과 발성이 말의 내용보다 먼저 전달되기도 한다. 그러기 위해서는 연습, 또 연습!

② 말의 원칙을 가져본다. 중요한 것이 3가지 이상이라는 것은 중요한 것이 없다는 이야기와 같다. 즉 언제나 가장 중요한 주제를 3가지로 선별하라는 '3의 원칙', 서론-본론-결론, 이른바 삼론 원칙과 '누가·언제·어디서·무엇을·어떻게·왜'라는 육하원칙을 활용해 주제에서 벗어나지 않아야 한다.

③ 적절한 예시는 굉장한 집중력을 갖게 한다. 표현력이 가미된다면 청중에게 크게 어필할 수 있다.

④ 처음과 끝이 모든 것을 좌우할 수 있다. 호감을 전달하되 집중하게 만드는 시작, 전체를 요약하면서도 길지 않고 강한 인상을 남길 수 있는 마무리의 구성이 필요하다.

⑤ 모든 지침을 완벽하게 전달하면 좋지만 그 어떤 지침도 진정성을 가진 나만의 이야기를 이길 순 없다. 이 말을 전달하려는 노력이 상대에게도 전해져야 한다.

정리, 정리, 또 정리해도
과하지 않다

업무 시간의 32% 정도를 물건을 찾는 데 소모한다.
그중 30%는 업무 서류를 찾아 헤매는 데 쓴다.

'포잇'이라는 별명을 가진 상사가 있었다. 유난히 여러 종류의 포스트잇을 좋아해, 포스트잇을 줄여 붙여진 별명이다. 실제로 워낙 많은 양의 포스트잇을 책상에 붙여두어서 부하직원들끼리는 간혹 그를 그렇게 칭하곤 했다.

어떨 땐 굉장히 지저분하게 붙어 있기도 하고 어떨 땐 깔끔하게 한 줄로 정리되어 있기도 해서 '도대체 저 많은 포스트잇의 내용은 뭐지?'라고 궁금했던 적이 한두 번이 아니다. 그의 책상을 지나갈 때마다 그러면 안 되는 줄 알면서도 포스트잇의 내용은 뭘까 흘낏흘낏 보기도 했다. '그저 일반적인 메모일 뿐인데 뭘 저렇게까지 지저분하게 붙여놓으시지?'라고 생각했다. 게다가 그의 포스트잇은 가끔 다른 사람의 책상에 붙어 있기도 했다. 누군가에게 지시할 내용이 있으면 어김없이 포스트 잇에 뭔가를 써서 동료들 또는 부하직원들의 책상 위에 붙여두었다.

우리는 뭔가를 찾으면서 수많은 시간을 허비한다

그 많은 포스트잇을 즐기는 이유가 있는지, 색깔과 모양이 어떤 의미가 있는지를 물어보고 싶었지만 그는 말이 많은 편도 아니었고, 농담을 자주 하는 편도 아니었다. 게다가 딱히 직속상관도 아니다 보니 친해질 기회가 없어 물어볼 수가 없었다. 그러다 부서 전체가 이사를 가면서 어쩌다 보니 그와 가까이에 앉게 되었다. 그리고 나는 여전히 포스트잇을 즐겨 사용하는 그를 종종 관찰하면서 한 가지 확실한 사실을 알게 되었다.

먼저 그 많은 포스트잇이 퇴근할 땐 일렬로 정렬된다는 것이었다. 그리고 본인 책상 위의 포스트잇은 노란색과 연두색이 대부분인데 남들의 책상에 붙여주는 포스트잇은 핑크색을 사용했다. 우연히 그와 이야기할 기회가 생겨 내가 관찰한 내용을 말하며 포스트잇에 어떤 의미가 있는 지를 물어보았다. 그는 정말 깜짝 놀라며 대답했다.

"아니 그걸 어떻게 알았어요? 별거 아닌데 열심히 관찰했네요. 남들에게 주는 포스트잇은 좀 눈에 띄라고 핑크색으로 써요. 사실 제가 말주변이 있는 것도 아니고 뭔가 자꾸 말해주는 스타일도 못 되고 그렇다고 기억력이 좋은 사람도 아니라서, 그렇게 붙여두면 내가 저 친구에게 뭔가 지시를 내렸었지 하는 생각도 들고 그들도 기억하겠지 싶어 시작하게 됐는데, 이젠 습관이 되어서 다른 색은 안 붙이게 되더라고요."

"근데 포스트잇이 엄청 많이 붙어 있던데 그게 다 정리가 되어 있는 것도 신기하더라고요."

"그렇죠? 많이 발전한 거예요. 예전엔 똑같은 내용을 수첩에도 쓰고 달력에도 쓰고 포스트잇에도 써서 정신없었는데 이젠 나름 저만의 방법이라고 해야 할까? 그런 게 생겼어요. 갑작스러운 일이나 일회성인 일들은 포스트잇에 메모합니다. 그리고 그날 퇴근 전에 반드시 기억해야 하는 것을 수첩이나 달력에 표시하죠. 그리고 내일 할 일의 중요도를 정해서 번호를 매겨놓고 퇴근해요. 그러면 다음 날 아침에 출근해서 일처리를 빨리 할 수 있어요. 저처럼 조금 느리고 머릿속에서 카테고리 정리를 하는 게 쉽지 않은 사람은 워밍업에 많은 시간이 필요하거든요."

아침 출근시간이 굉장히 중요한 걸 알면서도 아무렇지 않게 한두 시간을 보내버리는 날들이 꽤 많았던 나로서는, 출근해서 책상을 정리하고 메일을 살펴보고 커피 한 잔을 하다가 '오늘은 무슨 일부터 하지.' 생각하다 보면 한 시간 정도는 훌쩍 보내는 경우가 허다했다.

그러니 그의 말처럼 그렇게 정리를 해두면 좋은 것을 잘 알면서도 퇴근시간쯤 되면 머리는 과부하 상태가 되고 눈에서는 레이저가 나올 것 같고 일은 손에 잡히지 않는다. 그저 빨리 눈앞에 남은 일만 처리하고

'컴퓨터를 빨리 꺼야지.'라고 생각하며 사무실을 나가고 싶은 마음뿐이다. 다음 날 할 일을 써놓기는커녕 내 책상 위를 정리하는 것도 쉽지 않았다. 그러면 '어제 어딘가 분명 메모를 해뒀는데, 내가 그분 메일 주소를 어디에 써놨더라. 포스트잇인가? 다이어린가? 달력인가?' 생각하면서, 다시 전화해서 물어보긴 어렵고 결국 계속 그 메모지를 찾다가 시간을 버리게 되었다. 속으로 '난 인생의 절반을 뭔가를 찾는 데 허비하는구나.' 반성하며 머리를 친 적이 한두 번이 아니었다.

그는 퇴근 전에 하루 동안 있었던 일을 정리하고 말끔하게 책상까지 정리한 뒤 내일 할 일의 중요도를 정해서 3가지를 써놓고 퇴근하는 습관을 들였다. 당연히 나와는 달리 훨씬 맑은 머리로 빠르게 업무를 시작하는 것이 가능했을 것이다.

아는 것과 모르는 것이 하늘과 땅 차이라면 아는 것과 실천하는 것은 태양과 땅 사이의 거리 정도랄까? 이는 그만큼 어려운 것이며 실천하는 이들과 그렇지 못한 이들의 삶의 모습은 다를 수밖에 없다.

다이어리만 정리가
필요한 것은 아니다

정리를 해야 하는 것은 책상이나 다이어리, 스케줄뿐만이 아니다. 컴퓨터 안에 만들어놓은 파일이나 자료도 책상만큼이나 깔끔한 정리가 필요하다. 특히 폴더의 이름만큼은 쉽고 간단하고 함께 일하는 동료가 제목만 봐도 파일을 쉽게 찾을 수 있도록 만들어놓는 것이 좋다. 회사를 출근하다 운이 나빠 다리를 삐끗해서 병원에 가야 될 수도 있고, 갑작스럽게 휴가를 써야 할 수도 있고, 전화로 업무 요청을 해 동료가 도와줘야 할 때도 있다. 그런데 본인만 알 수 있는 제목을 쓴다거나 본인이 아니면 일처리를 할 수 없도록 컴퓨터 폴더를 만들어놓는 것은 직원으로서 정보 공유의 책임을 다하지 않는 것과 같다.

물론 정말 중요하고 오픈하면 안 되는 것들은 비밀스럽게 관리하되 기본적으로 서로 함께 공유해야 하고 도와야 하는 것들은 효율적으로 일처리를 할 수 있도록 만들어놓는 것이 좋다. 그러니 1~2주에 한 번쯤은 폴더와 파일, 자료, 메일 등도 정리해두어 당신이 자리에 없더라도 누군가는 당신의 폴더를 열어 일을 대신할 수 있는 사람이 한 명은 있도록 만들어놓아야 할 것이다.

마지막으로 정리를 잘 해두어야 하는 또 한 가지는 다른 사람들에게서 받은 명함들이다. 명함을 주고받은 자리가 끝나고 명함철에 끼울 때는 그 순간이 아니고는 잊어버릴 수도 있는 상대에 대한 정보를 명함 귀퉁이에 메모해두면 좋다. 그리고 명함철도 친한 지인과 비즈니스 관계로 만나는 사람을 구분해놓거나 가나다 순으로 정리하는 것이 편리하다.

스마트폰에 많은 것을 담아두고 기록해두는 시대지만 그럼에도 불구하고 누군가와 일적으로 인사를 나누며 명함을 주고받는 행동은 아직도 없어지지 않았다. 한 사람의 프라이드이며 소속감이며 또 다른 얼굴이 명함이기 때문이다. 그러니 명함을 받은 후 간단한 메모로 상대를 기억하는 것은 상대방에 대한 예의일 뿐만 아니라 효율적인 업무의 또 다른 시작일 수 있다. 갑작스럽게 전화가 오더라도 얼른 명함을 찾아 상대의 얼굴을 떠올리며 이야기할 수 있다면 훨씬 자연스러운 대화와 친밀감 형성이 가능할 것이며 프로다운 모습도 보여줄 수 있다.

정리는 습관처럼 이루어지는 일이라 쉽지 않다며 그냥 편한 대로 지내는 것이 좋지 않냐고 생각하게 될 때가 있다. 그럴 때마다 인디언들의 기우제 이야기를 떠올려보자. 그들이 기우제를 지내면 늘 비가 왔다고 하는데, 그 까닭은 바로 그들이 비가 올 때까지 기우제를 지내기 때문이라고 한다. 단순히 웃어 넘길 수만은 없는 의미심장한 사례라고 생각한다.

습관을 만드는 자세, 신입사원의 자세가 그래야 하지 않을까? 어렵고 무거운 일을 맡기 전에, 상사가 되기 전에 갖춰야 하는 비즈니스적인 자세와 마인드, 매일매일의 습관을 만드는 기간이 바로 신입이라는 명찰을 달고 있을 때다. 뛰어난 능력보다는 될 때까지 하려고 하는 의지가 훨씬 중요하다.

선배가 후배에게 들려주는 조언

김지수 과장(현대그룹계열 미디어사업팀)

회사를 다닐수록, 직급이 올라갈수록 어려움이 더 많다고 느끼는 요즘입니다. 신입사원에게 뭔가 도움이 되는 이야기를 하기 위해 기억을 더듬어보니 오히려 신입사원이 가장 편안한 자리였던 것 같습니다.

어떤 실수를 해도 모두 너그러이 봐주고 용기를 북돋아줍니다. 그러니 어찌 보면 회사 일에 임하는 자세와 상사와 동료를 배려하는 마음만 있다면, 누구나 회사생활을 슬기롭게 헤쳐나갈 수 있습니다. 꽤 오랜 시간이 지났지만 신입사원 시절에 이런 것만 더 잘했더라면 좋지 않았을까 생각하는 게 있습니다.

먼저 보고받는 사람의 입장을 늘 생각했으면 합니다. 이 말은 직장생활을 하는 모두에게 해당되는 이야기입니다. 하지만 실제 업무를 하다 보면 가장 어려운 부분이기 때문에 신입사원 때부터 연습이 필요합니다. 거창한 보고서에만 해당되는 것이 아닙니다. 이메일부터 연습해보세요. 직장인들은 수많은 이메일을 주고받는데, 정리되지 않은 이메일은 받는 사람의 피로도를 높일 수 있습니다. 따라서 첨부파일을 확인하지 않아도 내용을 파악할 수 있도록 일목요연한 정리가 필요합니다. 받는 사람의 입장에서 생각해보라는 이 이야기는 참 쉬운 말이지만 상사가 되어보니 왜 신입 때는 이게 실천하기 어려웠을까 늘 생각하게 됩니다. 좀 더 알아보기 쉽게 전달했으면 좋지 않았을까 하는 아쉬움이 남습니다. 여러분은 신입사원 때부터 꼭 연습해보길 바랍니다.

두 번째는 메모를 생활화해야 한다는 겁니다. 사람의 기억력은 한계가 있습니다. 친구들과의 약속 같은 개인적인 일은 잊어버려도 큰 문제는 없지만 회사 일은 다릅니다. 상사가 부를 때는 항상 노트와 펜을 준비해 기록하고, 되도록 상세한 내용을 정리해보세요. 지시한 일이 진척되지 않을 때 상세한 메모는 업무에 도움을 주기도 합니다.

또한 신입사원 때 많이 하는 일 중 하나가 회의록 작성인데요, 회의의 내용을 자세히 기록하는 것은 업무 전반에 걸쳐 큰 도움이 됩니다. 모두 회의 내용에 집중하지만 회의 내용을 기록

하는 사람은 많지 않습니다. 빠른 시간 내에 업무를 파악하기 위해서는 회의록 작성을 비롯한 많은 내용들을 되도록 상세하게 기록하는 습관을 가지는 것이 중요합니다.

마지막으로 본인의 일에 대한 강한 책임감을 가지길 바랍니다. 과거 신입사원 때 제 경험담입니다. 상사가 저에게 업무를 지시하며 점심시간 전까지 끝내라고 말했습니다. 저는 그 업무를 다 끝내지 못했고 점심시간이 다가왔습니다. 동료들이 점심을 먹으러 가자고 권했지만, 저는 해당 업무를 빨리 끝내야 할 것 같은 생각에 점심시간을 반납하고 일을 했습니다. 결국 저는 상사가 요구한 시간보다 늦게 일을 마쳤습니다. 혼날 거라고 생각하고 있었는데 예상과 달리 상사는 저를 질책하지 않았습니다. 비록 일정이 늦어지기는 했지만 점심시간까지 반납하면서 업무에 임하는 저의 책임감을 높이 샀던 것입니다. 상사가 신입사원에게 바라는 것은 업무 역량보다는 일에 대한 책임감이라는 것을 기억하길 바랍니다.

요즘 후배들은 정말 치열한 경쟁을 거쳐 회사에 입사하게 됩니다. 그래서인지 개개인의 역량도 뛰어나고 대단한 스펙을 가진 친구들도 많습니다. 하지만 회사생활과 학교에서의 생활은 전혀 다릅니다. 아무리 개인 역량이 뛰어나다 할지라도 업무 관련 역량은 부족하다는 것을 알고 일에 대해서만큼은 겸손한 자세로 노력한다면, 성공적인 직장생활을 시작할 수 있을 것입니다. 어느 책에서든 한 번쯤 보았을 내용을 저 또한 상사가 되고 나서 언급하는 것을 보면 이런 팁이 결국 가장 중요하지만 지키고 해내는 신입사원이 없어서일 것이라고 생각합니다. 꼭 한 번쯤은 실천해보길 바랍니다.

3장

관계, 어떻게 이끌어가야 할까?

알려고 해도, 실천하려고 해도 잘 안 되는 것들이 있다. 바로 '관계'다. 직장 내 관계 속에서 '나'에 대한 평가는 어떤 기준에서 내려질까? 우리는 혼자 일하지 않는다. 동료, 선후배와 함께 일하고 그들은 나름의 잣대로 우리를 평가한다. 심지어 우리가 알지 못하는 순간에 우리를 누군가에게 보고한다. 하루 대부분의 시간을 보내는 곳이 직장이다. 여기서 소홀히 생각할 수 있는 관계란 없다. 그렇다면 수많은 관계 속에서 우리는 무엇을, 어떻게 하면 될까? 습관처럼 '기본'을 실천해야만 주변인들에게 우리의 가치를 증명할 수 있다.

회사를 멋지게 알리는 꽤 괜찮은 사람들

누가 시키지 않아도 우리를 움직이게 하는 에너지.
도대체 열정의 유효기간은 어느 정도일까?

보고 스킬에 대한 강의를 하러 대기업에 갔을 때의 이야기다. 워낙 유명한 회사로 업계 1, 2위를 다투는 회사다 보니 기본적으로 신입사원 교육이라고 하면 강사들은 기대치가 높기 마련이다.

'최선을 다하겠지. 교육 마인드와 의지도 남다르겠지.'

수차례의 지독한 면접을 통해 뽑은 신입사원들이기 때문에 열정이나 책임감 등의 기본적인 마인드는 당연히 갖추고 있다고 생각한 것이다. 그러나 지금부터 이야기할 그날의 교육은 실상 정말 힘들었던 강의로, 아직도 나에겐 상처로 남아 있다. 물론 수강 인원이 많기도 했고 이미 회사생활을 시작한 지 몇 달이 지난 신입사원들이었기 때문에 힘들었을 수도 있다. 아니면 그날의 교육 과목이 딱딱해서였을 수도 있다. 어찌되었든 그날의 신입사원 교육은 예상과는 너무 다른 교육이었다.

신입사원의 자세는
빨리, 그리고 많이 변한다

고작 몇 달 만에 직장인은, 아니 신입사원은 참 많이도 변한다. 그들도 처음 합격했을 때는 뛸듯이 기뻤을 것이고 세상을 다 가진 듯 행복했을 것이다. 어쩌면 그들의 부모 중에서는 동네 잔치는 아니어도 주변인들에게 거하게 밥을 산 사람도 있었을 것이고 어깨를 으쓱이며 자식 자랑도 많이 했을 것이다.

그럼에도 불구하고 입사 후 몇 달만 지나면 신입사원의 마음에는 뽑아준 회사에 대한 감사는 어디로 갔는지 이미 사라지고 없다. 대신 주변에서 듣게 되는 수많은 불합리함과 불평을 들으면서 자신의 좁고 얕은 눈으로 바라본 회사는 이상하게 단점만 가득하다. 아름답던 3개월 전의 초심은 약해지는 자존감과 함께 어디론가 사라져버린다.

지금 자신이 앉아 있는 자리는 수많은 경쟁자들을 물리치고 바늘구멍 같은 곳을 지나 얻은 귀한 것임을, 같이 들어오지 못한 몇몇 경쟁자들의 눈물을 뒤로하고 얻은 자리임을 잊어버리는 것이다. 일은 많은데 뜻대로 되는 일이 없으니 기대는 사라져가고 그저 힘든 회사원이 된 자신의 모습과 자신을 괴롭히는 '상사'라는 사람과 답답한 주변 환경만 눈에 보이게 된다.

이러한 이유로 그날은 말만 신입사원 교육이었지, 교육장 어디에서도 자랑스러운 대기업 신입사원 70여 명의 모습은 찾아보기 힘들었다. 세상과 회사가 자신을 중심으로 돌아가지 않는다는 것을 뼈저리게 느낀, 일하느라 지친 직장인 70여 명이 앉아 있었기에 교육은 정말 뜻대로 되지 않았다. 그러나 지칠 대로 지친 정신적 중노동자 70여 명 중에서도 내 머리를 맑게 만들어줄 만큼 자기소개를 멋지게 하는 친구를 만날 수 있었다. 이름이 어쩌나 특이한지 몇 년이 흐른 지금도 나는 그녀의 이름을 정확히 기억한다.

왠지 모르게 빛나는 교육생들이 있다. 그러면 그 근처를 서성이게 된다. 열정적인 말투로 조원들과 어떤 주제의 이야기를 나눌지 정말 궁금해진다. 호기심으로 그녀 옆을 지나다가 책상 위에서 예쁜 핸드크림을 발견한 나는 양해를 구하고는 향기를 맡아보며 말을 걸었다.

"이거 어디서 샀어요?"

"마음에 드세요? 마음에 드시면 드릴게요. 해외여행 갔을 때 여러 개 사서 저는 또 있거든요."

"아니에요. 그냥 궁금했어요. 향이 정말 좋네요."

그녀의 배려와 친절함에 기분이 좋았다. 사실 기업에서 교육을 받는 신입사원들은 내게 잘 보일 필요가 없다. 내가 그들을 평가하는 교수도 아니고 학점을 매기는 것도 아니니, 그 지치고 힘든 강의장에서 내게 잘 보일 이유는 당연히 없다. 그렇기 때문에 그녀가 무심코 건넨 그 한마디는 나를 꽤 오랫동안 미소 짓게 만들었고, 그녀에게만큼은 나의 강의가 도움이 되길 바라며 7시간 동안 강의장에 서 있으면서도 발바닥의 고통을 참아가며 최선을 다했다.

우리는 때로
회사의 얼굴이 된다

그녀와의 이야기는 여기서 끝이 아니다. 한두 달 후 나는 동일한 회사로 신입사원 교육을 위해 다시 방문했고 교육 담당자에게 뜻밖의 봉투 하나를 건네받았다.

"강사님, 혹시 ○○씨 아세요?"

"네, 지난번에 교육 들으신 분이죠? 이름이 특이해서 기억해요."

"그 직원이 사내우편으로 이걸 제게 보내서는 강사님께 전달해드리라네요."

이 글을 읽고 있는 여러분은 그 봉투에 무엇이 들어 있을지 짐작할 것이다. 봉투에는 그때 향이 좋다고 말했던 핸드크림과 그녀의 명함, 그리고 손으로 쓴 카드 한 장이 들어 있었다. 카드에는 좋은 강의에 대한 감사함과 그때 칭찬했던 핸드크림이 집에 몇 개 더 있어 하나를 드린다는 소소한 내용이 담겨 있었다. 핸드크림을 받아서, 공짜를 좋아해서 감동한 것이 아님을 설명하지 않아도 아시리라. 별것 아닌 핸드크림, 별다방 커피 한 잔보다도 싼 그 핸드크림이 그 순간 그 어떤 비싼 선물보다도 좋았다.

그녀는 그렇게까지 하지 않아도 되었다. 교육은 끝났고 난 사외에서 강의를 하러 온 그저 스쳐 지나가는 한 명의 강사이며, 내가 그녀의 미래에 그 어떤 영향을 끼치는 것도 아니었으니 말이다. 그녀가 내게 잘 보일 이유는 정말 하나도 없었다. 그랬기 때문에 그녀의 정성이 어쩌면 더 감동으로 다가왔는지도 모르겠다. 그 덕분에 그녀를 본 내 느낌이 틀리지 않았음을 기쁘게 확인했다. '그럼 그렇지. 그들은 최고의 인재였을 텐데 내가 강의를 못해서 그랬던 걸 거야.'라고 생각하며 스스로 얼마나 반성했는지, 그리고 그 회사에 대한 나의 이미지가 얼마나 달라졌는지 그녀는 모를 것이다.

사회생활을 하다 보면 자신이 해야 하는 일 외에도 자신의 열정을 담아 일터에서 일하는 수많은 직원들을 만나게 되고, 자신이 해야 하는 기본 이상의 마음으로 고객들을 대하는 직원의 이야기도 듣게 된다. 물론 그렇게까지 하지 않아도 된다. 실제로 그렇게 하라고 시키는 사람도 없다. 그래도 그들은 자발적으로 자신의 마음을 표현하고 열정 넘치는 태도로 주변 사람들에게도 긍정적인 에너지를 전한다. 일터에 즐거움과 보람을 전파하는 것이다. 시키는 일만 하는 직원과 적극적으로 자신의 시간을 만들어가는 직원 중 어느 쪽이 더 행복할까?

회사에 들어가는 순간, 우리는 그 회사의 얼굴이 된다. 자신 스스로가 회사의 얼굴이 되고 그 직원을 만나는 많은 사람들은 그와 그가 달고 있는 명찰의 회사를 하나로 보게 된다.

세상도, 사람도 마음대로 되지 않을 때가 많지만 가끔은 노력한 만큼 돌아오기도 하고, 정말 가끔은 노력한 것 이상으로 돌아오기도 한다. 그 노력에 작은 진심만 있다면 모든 행동은 그저 그 행동만으로도 빛이 난다. 나아가 자신뿐만 아니라 자신이 속한 조직을 빛나게 할 수도 있다. 어렵지만 그렇게 어렵다고만은 할 수 없는 사소한 행동이 열정만큼 그 사람을 빛내준다.

동료를 내 편으로 만든다는 것

"전 늘 당신과 한편이 되고 싶었어요."
"왜 그걸 제 뒤에서 표현하셨어요. 저는 저의 적인 줄 알았어요."

조직에서 커뮤니케이션은 우리 신체로 따진다면 피와 같다. 피 안에 있는 백혈구와 적혈구가 온몸으로 원활하게 돌아다니지 않는다면 외부 적들을 막기도 어렵고 생명을 유지하기도 쉽지 않을 것이다. 마찬가지로 조직은 혼자서는 일할 수 없는 공간이기에 적극적으로 커뮤니케이션을 해야 한다. 그럼에도 불구하고 커뮤니케이션이 원활하게 이루어지는 회사는 실제로 많지 않다. 그렇다면 원활한 커뮤니케이션을 위해서 우리는 어떤 노력을 해야 할까?

잊을 만하면 접하게 되는 설문조사 질문 중 이런 것이 있다. '당신은 어떤 사람과 일하고 싶은가?' 이 질문에 대해 1위로 뽑힌 사람의 요건을 능력과 스펙, 논리성 등 이런 기술적인 것 중에 하나라고 추측한다면 큰 오산이다. 언제나, 정말 언제나 그 설문조사의 1위는 인간성 좋은 사람이다. 생각해보면 능력 있는 사람과 함께 일하면 성과 측면에서는 도움이 될 수 있다. 하지만 그 능력 있는 사람으로 인해 스트레스를 받아서 자신의 두뇌가 원활하게 움직이지 않을 정도이거나 화가 날 정도라면, 스스로의 능력을 100% 발휘할 수 없을지도 모른다. 음식을 보면 자신도 모르게 침을 흘리는 무조건반사처럼 그 사람만 보면 자신도 모르게 화가 난다면 우리의 논리성과 객관성, 창의성 등은 이미 바닥이지 않겠는가?

그러니 스스로의 능력을 매번 100% 끌어낼 수 없다면 적어도 능력을 발휘할 때만이라도 그 상사 또는 동료가 자신을 힘들게 하지 않으면 좋겠다는 바람이 생기지 않겠는가? 그래서 우리는 늘 능력 있는 사람보다는 인간성 좋은 사람을 파트너로 삼고 싶은 모양이다. 결국 여러 사람들이 모여서 하는 일에서 동료의 능력보다 태도가 중요한 이유는 분명 있다. 특히 이직을 고민하지 않고 오랫동안 한 회사를 다닐 수 있는 원동력은 이성적인 업무 처리보다는 감성적인 사람과의 관계가 중요할 수 있다. 어떤 사람과 회의를 한다는 소리만 들어도 진저리 나게 싫다면 이미 능력을 100% 발휘할 기회는 절반 이상 날아갔다고 봐도 좋을 것이다. 이렇게 생각하면 '일이 힘들어도 사람이 좋으면 버틴다.'라는 말이 어느 정도 이해는 된다.

누군가도 당신이
싫을 수 있다

그렇다면 자신의 능력을 다 발휘하려면 싫어하는 사람이 조직에 없으면 되는 것 아닌가? 그런데 이것은 참 어렵고 불가능한 일이다. 어떻게 싫어하는 사람이 없을 수 있겠는가? 때론 나를 싫어하는 사람이 넘쳐날 수도 있는 조직에서 말이다.

우리 자신 또한 언제, 어느 순간, 누군가를 화나게 할 때도 있지 않겠는가? 그래서 그 사람이 자신의 능력을 100% 못 쓰게 만드는 1인이 '나'일 수도 있지 않겠는가? '나'를 미워하는 사람, '나'를 이유 없이 싫어하는 사람이 조직에 한 명도 없다면 '야호!'를 외쳐도 된다. 하지만 우리가 천사도 아니고 완벽주의자도 아니고 타고날 때부터 가슴에 온풍기를 달고 있는 것도 아닌데 스트레스를 주고받는 조직이라는 공간 속에서 어찌 적군이 한 명도 없겠는가? 이 순간 우리를 싫어하는 사람이 여러 명일 수도 있다는 생각이 들면 슬퍼지기까지 한다.

누군가를 떠올리며 그 사람 앞에서 스스로에게 질문해본다.

'저 사람은 내가 마음에 들까?'

누구를 만나든 그 순간 당신 스스로 1초 안에 '당연하지.'를 외칠 수 있다면 당신은 이미 직장인으로서 어느 경지를 넘어섰다고 볼 수 있다. 그러나 순간 멈칫하며 '당연하지.'가 쉽게 나오지 않는 상대를 찾았다면 다음부터라도 그 사람을 피하지 말고 온 마음을 다해 진심으로 대하자.

웃으며 화답하고 그 사람의 이야기에 귀 기울이자. 그 사람이 무엇을 좋아하고 무엇을 싫어하는지 한 번쯤은 관심을 가지고 지켜보자.

남녀관계에서 호감을 느끼는 이성이 생긴다면 그 이성과 친해지기 위해 많은 노력을 하지 않는가? 무슨 음식을 좋아하고, 요즘 어떤 것에 관심이 많으며, 주말에는 무엇을 하며 시간을 보내는지 등을 알기 위해 노력하지 않는가? 물론 그들이 하루 동안 어떻게 움직이는지 동선까지 알아낸다면 우연을 가장한 필연을 만들 수도 있다. 스토커로 느끼지 않을 정도의 선에서 말이다. 그래야만 그 사람과 친해지고, 친해져야 자신을 보여줄 기회도 더 생겨나지 않겠는가?

하물며 직장생활을 하게 되면 애인보다도 더 많은 시간을 동료들과 보낸다. 그러니 그들의 회사생활이 아닌, '나'의 회사생활을 즐겁게 하려면 내가 먼저 그들을 관심 있게 바라봐야 하지 않겠는가? 관심을 가지고 지켜봐야 그들에 대해 조금은 더 깊이 알게 될 것이고, 뭔가를 알아야만 친해질 수 있을 것이며, 그래야 관계라는 것이 생겨나지 않겠는가?

그렇게 관계를 쌓아가다 보면 그 사람이 적어도 적군은 되지 않을 수 있다. 별것 아닌 일에도 쉽게 한편이 될 수도 있다. 그리고 친해지면 그 사람과 함께하는 모든 업무가 훨씬 수월하고 편해질 수도 있다. 그 사람 또한 당신을 한편으로 여긴다면 딴지를 걸기보다는 도와주려는 마음이 먼저 생겨날 것이 분명하기 때문이다. 그 정도만 된다면 살아남기 힘든 조직 안에서 우리는 좀 더 자유롭게 숨 쉬며 일할 수 있다. 그들의 회사생활이 아닌 자신의 회사생활을 위해서 말이다.

소통이 가능할 만큼의
적당한 관심

'관계'와 관련된 수많은 책들을 접하면서 '이렇게 멋진 예시들이 나의 이야기가 된다면 얼마나 좋을까?' 하고 생각하면서도 정작 책을 덮으면서는 '이건 책일 뿐이야. 현실은 이렇게 책처럼 전개되지 않아.'라고 느낄 때가 많다. 어떨 때는 그 관계에 대한 이야기들이 외국사례다 보니 '외국인들은 우리나라 사람들보다 쿨해서 그래.'라며 말도 안 되는 이유를 대면서 노력하지 않을 때도 있다.

예전에 우리나라에 살고 있는 외국인들이 사회 곳곳의 다양한 주제들을 유창한 한국말로 토론하는 예능 프로그램이 있었다. 요즘도 간혹 TV 프로그램에서 외국인들의 대화를 듣고 있노라면, 우리나라 사람은 보수적이고 외국인은 개방적이라거나 우리나라 사람보다 외국인들이 훨씬 쿨하다는 생각 같은 건 어쩌면 우리가 만든 선입견일 수도 있다고 여겨진다.

일에 있어서 우리는 쿨하지 못한 경우도 많지만, 그것은 외국인들이 보기에는 우리나라 사람이 정이 많기에 일어나는, 즉 장점으로 인해 생겨나는 조금 불편한 사실일 수도 있다.

요즘은 서로를 신경 써주고 관심 가져주는 것을 오지랖이라는 표현으로, 때론 쿨하지 않은 모습으로 여기기도 하는데 참으로 쓸쓸한 현실이기도 하다. 이익집단인 조직에서 자신의 일이 아닌 일에 선을 넘어 참견을 하고, 잔소리를 하고, 일보다는 관계를 더 신경 쓰게 만드는 것이 마냥 좋을 수는 없는 일이다. 그렇다고 옆에 있는 동료가 어제 아팠는지 아프지 않았는지, 상사의 아이가 어제 입학을 했는지 안 했는지도 모른 채 그저 자신의 일만 잘하면 된다는 개인주의적인 생각도 즐거운 회사 생활에 도움을 준다고 할 수는 없을 것이다.

회사는 사람이 있어야만 굴러가는 사람 중심의 집단이기에 사람들이 먼저 즐거워야 하지 않을까 생각한다. 친한 동료가 오늘 표정이 안 좋은 이유에 대해 어느 정도 짐작할 수 있을 만큼의 관심, 회의에 집중하지 못하고 자꾸만 시계를 바라보는 동료의 사정을 짐작할 수 있을 만큼의 관심, 식사를 할 때 주제가 끊이지 않고 이야기할 수 있을 만큼의 서로에 대한 이해, 그런 것들이 서로에 대한 배려도 만들고 관계도 만들어 주는 것이 아닐까 싶다.

그런 관계들이 쌓여간다면 우린 좀 더 사람보다는 일에 집중할 수 있지 않을까? 그것이 소통이 일보다 앞설 수 있는, 그래서 조직에서 소통이 중요한 이유라고 생각한다.

눈치를 봐야 하는
정확한 이유

간혹 가족에게서도 상처를 받을 수 있는데,
하물며 일로 만나는 관계에서 덜하겠는가.

꽤 오래 연애를 하던 남자친구와 헤어진 동료가 밤새 울었는지 눈이 퉁퉁 부어 있었다. 위로라는 것도 타이밍이 중요하기에 말을 걸지 않는 게 더 좋겠다고 생각했다. 그런데 이런저런 사정을 다 아는 또 다른 여자동료인 이 주임이 남자친구와 헤어진 그 동료 앞을 지나며 한마디 툭 던졌다.

"서 주임님 깨졌구나? 아이고, 내가 그럴 줄 알았어. 그 남자 나쁜 남자라고 내가 말했지? 잘했어, 잘했어. 내가 진작 헤어지라고 했잖아. 설마 울었어? 울긴 왜 울어? 잘된 거야. 그런 남자는 잊어버려. 내가 다 속이 시원하네."

퉁퉁 부은 눈을 혹시나 누가 알아챌까 봐 고개를 숙이고 앉아 있던 서 주임은 결국 자리를 박차고 화장실로 갔다.

꼭 아는 체를 해야만 했던 걸까? 꼭 생각하는 것을 다 말로 해야 속이 편한 걸까? 참 눈치 없다는 생각이 들었다. 자신의 존재감을 드러내는 것도 중요하지만 때로는 있는 듯 없는 듯 분위기를 맞추는 것도 중요하다. 조금만 주변을 살피면 다른 사람의 감정도 보이고 자신을 둘러싼 그 공간의 느낌도 읽게 된다. 신입사원에게 반드시 있어야 할 덕목 아닌 덕목이 바로 눈치다.

'망고스무디 어쩌고저쩌고'를 꼭 마셔야 하나?

더운 여름날, 점심을 먹으러 다 같이 밖으로 나갔다. 이사님, 부장님, 과장님 이하 최근에 함께 일하기 시작한 인턴 직원까지 모두 5명에서 식사를 하게 된 것이다.

점심은 김 과장이 쏘겠다고 했다. 1인당 7천~8천 원 하는 점심을 김 과장이 계산한 것이다. 즐겁게 이야기하다가 기분이 좋아진 부장님은 자신이 커피를 사겠다고 했다. 요즘 커피값은 밥값만큼 비싸다 보니 허물없이 친하게 지내는 김 과장이 한마디 했다.

"에이, 부장님. 밥값만큼 비싼 커피 안 마셔도 돼요. 그냥 사무실에 올라가서 믹스커피 드시죠."

"나 후배한테 밥 얻어먹고 입 싹 닦는 그런 선배 아니야. 커피 사 먹자. 시원하게 아이스 커피로."

그러자 이사님이 옆에서 한 말씀 거들며 이렇게 말했다.

"그래, 김 과장. 나도 이 부장이 사는 커피 마시고 싶어. 우리 막 마셔주자."

옆에 서 있는 인턴은 밥도 얻어먹었는데 시원한 아이스 커피까지 공짜로 먹게 되었으니 이것 또한 막내의 특권이라며 기분 좋은 얼굴로 웃고 있었다.

"걱정하지 마. 요 앞 커피숍에서 할인되는 카드 있어. 3천 원 정도더라고. 별다방보다 싸지?"

"그럼 가시죠. 먼저 들어가세요. 저는 전화 한 통 하고 들어가겠습니다."

잠시 후 커피숍으로 들어간 김 과장은 계산하는 모습을 보며 깜짝 놀라 물었다.

"아니, 5명이 커피를 먹었는데 만 8천 원이 넘게 나왔어요? 3천 원이라면서요."

소리 없이 웃고 계시는 이사님, 어이 없어 하는 부장님, 그리고 눈치 보는 김 대리와 눈치 없는 인턴이 서 있었다.

"다 아이스 아메리카노 마신 거 아니에요? 박 인턴 너 손에 든 건 뭐야?"

"아, 제가 원래 아메리카노를 못 마셔서요."

너무나 해맑게 웃고 있는 그녀가 빨대로 쪼옥 빨아 먹는 그것은 다른 사람들이 먹은 커피보다 비싼 '망고스무디 어쩌구저쩌구'였다. 그날 그 인턴은 혼자서 넘치는 점심 두 끼를 얻어 먹은 것이었다.

눈치로 상대방 좀
배려하면 안 되나요?

지인의 회사에서 실제로 있었던 일이다. 이 상황에서 당신이라면 어떻게 하겠는가? "저는 아이스 아메리카노 못 마셔요."라는 말을 꼭 했어야만 했을까? 설사 아이스 아메리카노를 코로 마시는 한이 있더라도 아이스 아메리카노를 손에 드는 것이 낫지 않았을까? 이 말의 뜻은 인턴이기에 모두가 짬뽕이라고 하면 짜장을 좋아해도 짬뽕을 함께 외치라는 식이거나, 오늘이 어머니 생신인데 상사가 회식에 오라고 하니 군말 없이 무조건 따라가야 한다거나 하는 그런 의미가 아니다.

눈치의 사전적 의미는 '남의 마음을 그때그때 상황으로 미루어 알아내는 것'이다. 즉 눈치의 의미에는 상대의 마음을 헤아리는 배려가 담겨 있는 셈이다. 또한 눈치란 속으로 생각하는 바가 겉으로 드러나는 어떤 태도, 마음으로만 생각하는 것이 있다면 그것을 겉으로 보여주는 또 하나의 표현이다.

잘 마시지 못하더라도 그 순간은 커피를 사주는 부장님의 마음이 조금 더 빛날 수 있도록 저렴한 커피를 함께 마셨다면 어땠을까? '모두가 같은 커피를 마신다.'라는 동질감 속에서, 별것 아니지만 함께 느끼는 그 소속감이 서로를 더 가깝게 느껴지도록 만들지 않았을까? 그분에 대한 호감과 존경심을 눈치로, 몸짓으로 표현했더라면 어땠을까? 이제 그 친구는 회사에 더 이상 나오지 않지만 그 친구가 이름 석 자가 아닌 '망고 스무디'로 통하는 사실은 안타까운 일이 아닐 수 없다.

눈치라는 말의 사전적 의미를 알고 나서는 이 단어를 참 좋아하게 되었다. 이 단어에는 상대방을 배려하는 마음의 표현이 들어 있다. 가끔 정황상 누군가에게 눈치 좀 보라고 말할 때가 있다. 왠지 그렇게 말하면 소신을 숨기라는 것처럼 느껴지고, 감정을 감추라는 것처럼 느껴지고, 때론 아부처럼 느껴지기도 한다. 그래도 요즘은 예전과 달라서 아무런 이유 없이 의견을 묵살하거나 조용히 있으라는 의미로 이 말을 쓰지는 않는다.

상황에 맞는 옷, 즉 T.P.O.에 맞는 의상이 있는 것처럼 때에 걸맞게 분위기를 부드럽게 만들 수 있는 적절한 말과 추임새가 있다. 회사에서 눈치란 상황을 파악하고 자신의 역할을 알아내서 실행에 옮기는 모든 과정이다. 직속 상사가 그 위의 상사에게 혼이 났다면 인터넷을 보며 자신도 모르게 미소 짓는 행동을 자제할 줄도 알고, 부서 분위기가 좋지 않다면 우렁찬 퇴근 인사는 하지 않아도 좋을 것이다. 팀원 모두 빨리 점심을 먹어야 하는 상황이라면 조리시간이 오래 걸리는 음식은 피할 줄도 알아야 하고, 혹시 밥을 먹고 양치질도 못한 채 보고하러 들어가는 상사의 치아 사이에 고춧가루가 끼어 있다면 기분 나쁘지 않게 얼른 티슈 한 장을 건네며 알려줄 줄도 알아야 한다. 또 머리를 쥐어뜯으며 힘들어 하는 동료가 있다면 커피 한 잔 타서 책상에 티 나지 않게 놓아주는 것도 눈치이며, 상사가 집안에 기분 좋은 일이 있는 것 같으면 '무슨 좋은 일 있으세요?'라고 물어봄으로써 자랑할 기회를 주는 것도 눈치다.

어느 작가의 말처럼 '진정한 대화의 기술은 맞는 곳에서 맞는 말을 하는 것'뿐만 아니라 안 맞는 곳에서 하지 말아야 할 말을 불쑥 해버리지 않는 것도 포함한다. 결국 조직생활에서 눈치라고 하는 것은 상대의 마음을 헤아리고 배려하는 모든 행동을 의미한다. 부족한 것보다는 조금 넘치는 것이 더 낫지 않겠는가?

기억나지 않는
수많은 인턴들

나에게 주어지는 하루는 다른 이에게도 똑같이 주어진다.
일만 하기에도 시간이 부족하다는 건 핑계다.

커뮤니케이션 능력, 보고서 작성 능력, 프레젠테이션 능력, 리더십 등 신입사원들이 기본을 뛰어넘는 이러한 능력까지 갖추면 핵심 인재라고 할 수 있다. 물론 이런 항목은 회사마다 다를 수 있겠지만 커뮤니케이션이 빠질 수 없다는 것은 모두 같은 의견일 것이다. 실상 회의 능력도, 리더십도, 기획 능력도 커뮤니케이션의 과정에 들어 있기 때문이다.

그만큼 커뮤니케이션의 범위는 방대하기 때문에 커뮤니케이션 능력을 잘 갖추기는 무척 어려운 일이다. 하지만 그렇기에 우리는 늘 상대방과의 커뮤니케이션에 대한 고민해야만 한다.

일을 위한 커뮤니케이션만으로는
언제나 부족하다

그럼 조직에서의 커뮤니케이션은 어떤 것들이 있을까? 보고에서 시작해서 리더십까지 세세하게 나눌 수 있겠지만 조직에서의 커뮤니케이션은 크게 업무적 커뮤니케이션과 관계적 커뮤니케이션으로 나눌 수 있다.

업무적 커뮤니케이션은 말 그대로 업무를 할 때 이루어지는 커뮤니케이션이다. 여기에는 상대방을 설득하며 대화하는 기술들이 포함된다. 하지만 회사에서 일만 하는 것은 아니다. 때로는 함께 일하는 동료의 생일잔치를 해줄 수도 있고, 가끔은 술자리에서 좋은 동료가 되어야 할 수도 있으며, 사적으로 연애 상담을 들어줘야 할 수도 있을 것이다. 이렇게 좋은 관계를 유지하고 좋은 동료가 되는 데도 스킬이 필요하다. 이것을 관계적 커뮤니케이션이라고 칭한다. 이 두 능력을 모두 갖추고 있다면 당신은 핵심 인재가 될 수 있다.

예를 들어 겉으로 드러나는 실적이 우수하고, 업무 실력이 뛰어난 상사가 있다고 생각해보자. 그런데 그 밑에서 일하는 직원들은 숨이 턱턱 막혀 그 팀을 나오고 싶어 한다면 그는 업무적 커뮤니케이션은 훌륭할지라도 관계적 커뮤니케이션은 미흡한 사람이라고 볼 수 있다. 왜냐하면 관계적 커뮤니케이션은 리더십에서 멘토링까지 혼자서가 아닌 누군가와 함께 이루는 많은 관계적 측면을 포함하기 때문이다.

물론 예전에는 업무적 커뮤니케이션을 잘하는 직원들을 선호했다. 눈에 띄는 성과를 만들어내기 때문이다. 하지만 요즘은 관계적 커뮤니케이션을 훨씬 더 중요하게 여긴다. 왜냐하면 자기 자리에서 최선을 다하지 않는 직원은 거의 없기 때문이다. 뽑고 나서 일을 가르쳤을 때 한 달만 지나면 기본적인 업무 실력은 비슷해진다. 그러나 석 달 정도 지났을 때 누가 자기 자리를 제대로 차지하고 주변 동료들과 소통을 이루며 관계를 맺고 좋은 평판을 듣는지는 조금씩 차이가 난다.

그래서 어찌 보면 요즘은 업무적 커뮤니케이션보다는 관계적 커뮤니케이션이 훨씬 중요하고, 특히 인턴과 신입사원들은 관계적 커뮤니케이션이 무엇보다도 중요한 시기에 놓이게 된다. 왜냐하면 모르기에 실수하고 그 실수가 자신의 마음과는 다르게 상대에게 전달되어 오해를 받는 경우가 많기 때문이다.

당신은 누군가의 기억 속에 남아 있는 신입사원인가?

조직에서 일하다 보면 오랫동안 기억에 남는 직원이 있는 반면 존재감이 전혀 없는 직원도 있다. 특히 짧은 기간 만나게 되는 인턴의 경우는 짧게는 3개월, 길게는 6개월 동안 하루의 3분의 2를 함께 지냈음에도 불구하고 딱 한 번 미팅 자리에서 만나 2~3시간 이야기하고서는 마음에 들지 않아 손을 흔들고 헤어진, 그렇고 그런 사람보다도 더 의미 없이 기억나지 않는 인턴도 많다.

"김 과장, 그 친구 기억나? 왜 있잖아? 이○○."

"예? 그 친구가 누군데요?"

"우리 부서에서 인턴 했던 그 친구. 아빠가 건축 하셨었잖아. 키 크고 좀 실없이 잘 웃고…."

"글쎄요. 기억이 잘 나지 않는데요."

이런 대화를 들었던 그날, 난 그 인턴이 좀 불쌍했다. 나와 단 한 순간도 함께 일해보진 않았지만 저렇게 자세히 설명해도 기억이 나지 않는 존재감이라니, 100일 정도 되는 그의 시간이 참 아까웠다.

"김○○ 인턴은 알지?"

"예, 왜요?"

"그 친구 취직했대."

"어디로 했대요?"

"인천국제공항청사라지, 아마?"

"진짜요? 잘됐네요. 그 친구 여행 중독이라던데 비행기는 실컷 보겠네요."

"그러게. 성공했네. 근데 공항에서 일하면 본인은 여행 잘 못 다니는 거 아닌가? 허허."

나는 얼굴 한 번 본 적도 없고 이름도 들어본 적 없고 함께 일해보도 않았지만, 그 인턴의 모습이 눈에 선하게 그려졌다.

똑같은 3개월 동안 하루 8시간씩 근무한다고 생각했을 때, 480시간을 함께 보냈던 누군가의 얼굴은 그 어떤 느낌도, 감흥도 없이 스쳐 지나간다. 반면 누군가는 얼굴이 또렷이 기억날 뿐 아니라 그 사람의 미래를 응원해주는 사람들을 둘 이상은 충분히 만들 수 있는 사람이다. 우리에게 주어지는 처음 3개월이자 사회의 첫걸음인 3개월. 그 3개월 동안 누군가는 잡일만 하고 떠났을 것이고, 누군가는 잡일도 하고 떠났을 것이며, 누군가는 잡일을 하며 분위기를 남겼을 것이고, 누군가는 잡일을 하며 긍정의 에너지를 남겼을 것이다.

커뮤니케이션은 일을 위해서만 하는 것이 아니다. 좋은 관계를 위해, 좋은 동료가 되기 위해 해야 하는 커뮤니케이션도 있다. 단 한 달을 일하더라도 그저 스쳐 지나가는, 지나갔는지 기억도 나지 않는 직원이 되기보다는 자신만의 방법으로 언어적·비언어적 커뮤니케이션을 시도하길 바란다. 그래서 누군가는 쉬는 시간에 농담을 하든, 책상 앞에서 미소를 짓든 끊임없이 상사와 동료들에게 커뮤니케이션을 시도하고 있는 것이다.

예전에 자신은 담배도 피우지 않으면서 쉬는 시간에 담배를 피우는 상사와의 대화를 위해 늘 라이터를 들고 다닌다는 영업부서 인턴의 이야기가 떠오른다. 3개월은 잡일하기에도 빠듯하다고 생각하는 인턴과 신입들에게 다음의 글을 소개한다.

우리가 1분 동안 할 수 있는 일이 무엇이 있을까요?

부모님을 안아드리는 1분,

사랑하는 사람에게 사랑을 고백하는 1분,

오랜 친구에게 오랜만에 전화를 거는 1분,

아이의 고민을 들어주는 1분,

파란 하늘을 쳐다보는 1분,

한 시간에는 1분이 60개가 있습니다.

하루 동안 1440개의 1분이 존재합니다.

당신이 원하기만 하면 무엇이든 할 수 있는 시간입니다.

_「광수생각」 중 '우리가 1분 동안 할 수 있는 일은'

예절과 예의는
다르다

매너가 사람을 만든다(Manners maketh man).

_영화 <킹스맨> 중에서

아프리카 족장과 프랑스 귀족이 같이 식사를 하게 되었다. 각 테이블 위에는 각자의 플레이트가 준비되어 있었는데, 아프리카 족장이 아무 생각 없이 옆에 있는 컵 하나를 들고서 안에 들어 있는 물을 벌컥벌컥 마셨다. 그 순간 테이블에 있던 귀족들이 눈을 동그랗게 뜨고 쳐다보더니 키득키득 웃음을 터트리는 것이 아닌가? 아프리카 족장이 무심코 들고 마신 컵은 핑거볼finger bowl로 식사 전에 손을 씻으라고 준비해놓은 것이었다. 이를 알 턱이 없는 아프리카 족장은 목이 말라 손에 잡힌 물 한 컵을 그냥 마신 것이다.

그때 족장을 무시하며 키득키득 웃는 귀족들을 바라보며 그 자리의 주최자이자 우두머리인 귀족은 자신도 핑거볼을 들고 그 안의 물을 벌컥벌컥 마셨다. 그 자리에 있던 다른 귀족들은 아프리카 족장이 한 행동을 봤을 때보다 더욱 놀란 눈으로 그 광경을 보았다. 그가 식사 예절을 모를 리 없었기 때문이다. 핑거볼의 물을 마신 귀족은 이렇게 말했다.

"이 컵 안에 있는 물은 입 안을 깨끗이 헹구기 위한 물이니 다른 분들도 어서 드시지요."

이 귀족의 행동이 귀족 예절의 원칙에는 어긋났을 수 있다. 그러나 상대방을 배려하고 존중하며 아프리카 족장을 부끄러움과 무안함에서 구해낸 이 귀족의 행동은 얼마나 아름다운 행동인가? 훗날 자신의 실수를 알게 된 아프리카 족장은 배려 깊은 이 귀족의 행동을 평생 잊지 못할 것이다.

예절과 예의의
미묘한 차이

예의란 존경의 뜻을 표하기 위해 예禮로써 나타내는 말투나 몸가짐을 의미한다. 예절은 사전적 의미로는 예의와 범절을 합친 말로 인간관계에서 사회적 지위에 따라 행동을 규제하는 규칙과 관습의 체계, 즉 예의에 관한 모든 절차나 질서를 의미한다. 의미상 예절이 예의보다 더 큰 범위를 가리키는 것이라 생각되는데, 안타깝게도 예절은 깍듯하게 지키면서 예의는 갖추지 않은 이들이 많다.

출근을 하면 밝고 명랑하게 큰 목소리로 인사하는 것이 기본적인 예절이지만, 만약 직속 상사나 가까운 동료에게 안 좋은 일이 있다면 조용히 인사를 하는 것이 예의 바른 것이다. 또 자동차를 타고 이동해야 할 때 막내의 자리는 뒷자리의 중간석이라고 말한 바 있지만, 만약 동료가 치마를 입고 있어서 먼저 차를 타는 것이 불편할 거라고 생각된다면 "제가 먼저 탈까요?"라고 물어보는 것이 마음의 예의다.

문상을 갈 때는 머리에서 발끝까지 검은색 계열의 정장을 갖춰 입고 가는 것이 문상객으로서의 예절이다. 하지만 갑작스러운 상으로 빨리 가서 도와야 한다고 생각한다면, 검은색 넥타이만이라도 먼저 구해서 두르고는 장례식장으로 달려가 마음을 다해 상주를 위로하는 것이 '예절 아닌 예절'이 될 수 있다.

마음가짐도 겉으로 티가 나야 한다

보고 스킬이나 프레젠테이션 스킬, 공감이나 경청, 이런 것들은 마음만 있어서는 안 된다. 겉으로 티가 나야 한다. 잘하겠다고 결심만 하고 겉으로 실수가 많으면 힘든 것이 보고나 프레젠테이션이며, 마음은 충분하더라도 겉으로 표현되지 않으면 오해를 살 수도 있는 것이 공감이나 경청이다. 인사도 그러하고 표정도 그러하다.

조직생활이나 인간관계에서는 '내가 행동을 했다.' 또는 '하지 않았다.'가 중요한 것이 아니라 상대가 그렇게 느꼈는지 느끼지 않았는지가 무엇보다도 중요하다. 우리는 가끔 겉으로 드러나는 형식을 중요하게 생각해서 먼저 가져야 하는 마음가짐은 잊을 때도 많으며 마음가짐은 형식에 비해 중요하게 생각하지 않을 때도 많다. 마음의 크기는 굳이 보여주지 않아도 상관없으며 마음가짐이 조금 부족해도 이는 겉으로 티가 나지 않는다고 생각하기 때문이다.

그러나 세상 모든 사람들이 원칙을 기억하며 사는 것은 아니다. 인사는 45도 각도로 하는 것이 정중례이고, 악수는 오른손을 내밀며 하는 것이 정석이며, 레스토랑에서 양식을 먹을 때는 바깥쪽에 놓여 있는 포크부터 사용해야 하고, 손님을 맞이할 때 대기 자세는 꼿꼿이 몸을 세우고 두 손을 앞으로 모아야 하며, 넥타이는 허리띠 아래로 몇 cm 정도 내려와야 하는지 등을 모두 외우며 살고 있지는 않다는 말이다.

상대를 존경하는 마음, 상대를 가볍게 보지 않으려는 마음, 이런 마음을 뜻하는 예의를 갖춘다면 가끔은 예절에 어긋나도 괜찮을 거라 생각한다. 단지 예절을 지키려는 마음이 앞서 상대를 무안하게 하거나 상대를 불편하게 하는 것이 더 큰 문제다.

예의를 갖추려는 마음만 있다면 와이셔츠 소매가 정장 재킷의 소매 아래로 1cm 보여야 하는 것이 2cm 보인다고 해서 예절에 어긋나는 것은 아니다. 설령 명함을 왼손으로 건넸더라도 받는 순간 상대의 명함을 자신의 명함보다 위에서 받으려는 마음만 있다면 상대를 충분히 내 편으로 만들 수 있는 것이다. '예절'은 '지키다'라는 동사와 더 어울리고 '예의'는 '바르다'라는 동사와 더 어울린다고 느껴지는 이유가 그 때문이 아닌가 싶다.

예절과 예의는 같은 의미일 수도 있고 때로는 종이 한 장 차이일 수도 있다. 확실한 것은 어떤 사람이 어떤 의도를 가지고 어떻게 보여주느냐에 따라 하늘과 땅 차이가 될 수 있다는 것이다. 많은 이들을 적군으로 만들 수도 있고 내 편으로 만들 수도 있다. 아무리 예절에 대한 모든 지식을 가지고 있다 하더라도 그것을 실천하는 사람의 마음이 없으면 사람과 상황은 보이지 않는 법이다.

예절이 전술이라면 예의는 전략이다. 많은 전술은 전략에서 나오는 것이다. 누군가를 만나고, 어떤 회사에서 일하고, 어떤 직군에서 근무하든지 간에 늘 그때그때 외우고 따라야 하는 전술이 아니라 늘 마음속에 지키려고 애쓰는 전략이 있다면 전술은 언젠가 통할 것이다. 상대에 따라 달라지는 악수법이나 인사법 등도 중요하지만 악수와 인사를 할 때 가져야 하는 예의 바른 마음과 태도, 자신을 낮추는 겸손함이 더 중요하다는 것을 기억하길 바란다.

미소와 칭찬,
아끼면 똥 된다

사랑받는 사람들에게는 공통점이 있다.
그들을 떠올리면 늘 웃음이 난다는 것이다.

직장을 다니면서 자신의 얼굴이 타인에게 많이 노출되는 순간은 언제일까? 멋지게 프레젠테이션을 할 때일까? 아니면 회식 자리에서 멋지게 노래 부를 때일까? 아마도 아무런 준비 없이 컴퓨터 모니터 앞에 앉아 있을 때가 아닐까? 물론 일을 하고 있는 것이겠지만 무방비 상태에서, 즉 누군가를 바라보며 말을 하거나 누군가의 이야기를 들어주거나 이렇게 쌍방향의 커뮤니케이션을 할 때가 아니라 아무것도 하지 않고 있을 때 우리의 얼굴은 가장 많이 노출된다. 동료들은 화장실을 가다가 파티션 너머로 당신의 얼굴을 보게 되고, 차 한잔하러 사무실 밖을 나가다가 당신이 어떤 얼굴로 앉아 있는지를 보게 되는 것이다.

그럼에도 불구하고 직장인들의 대부분은 무표정한 얼굴로 모니터를 노려보며 일을 한다. 게다가 입꼬리가 아래로 축 늘어지고 미간에 주름을 잔뜩 만들며 신경질적으로 키보드를 두드리는 경우도 무척 많다. 본의 아니게 화난 표정이 되는 것이다. 입 모양이 그런 식이면 눈에 총기가 들 수 없다. 눈이 반짝반짝해 보이려면 입도 함께 표정을 만들어야 하기 때문이다. 만약 이 말이 믿기지 않는다면 지금 거울을 꺼내 들고 입꼬리를 내려 무표정을 만든 상태에서 눈이 빛나는 느낌을 전달해보라. 아마도 원하는 대로 되지 않고 오히려 화난 표정이 만들어질 것이다.

어느 날 몸이 안 좋다는 이유로 컴퓨터 앞에서 어깨를 축 늘어뜨리고 인상을 있는 대로 쓰면서 앉아 있는데, 하필이면 그날 상사가 화장실을 가다가 당신의 표정을 봤다고 생각해보라. 상사는 어떻게 생각하겠는가? 아마 '저 친구 억지로 일하는군.'이라고 생각할 것이다. 만약 당신이 첫 출근 날에도 긴장한 나머지 단 한 번도 웃지 않았다면 순간 상사는 당신의 첫날을 기억하며 이렇게까지 생각할지도 모른다. '저 친구 진짜 억지로 일하는 거 아냐? 첫날에도 다른 친구들에 비해 인상이 안 좋더니, 늘 저런 식이군.'

우리의 뇌는 생각보다 정확하지 않을 때가 많아서 기억을 만들어내기도 하고 퍼즐처럼 이리저리 끼워 맞추기도 한다. 결국 상사의 기억에 담긴 퍼즐 한두 조각이 인상을 쓰고 있는 당신의 얼굴이라면 어떻겠는가? 당신이라는 퍼즐 전체의 모습은 회사가 마음에 들지 않는, 또는 늘 인상만 쓰고 있는 직원이 되는 것이다.

내 겉모습에
무슨 문제가 있을까?

대형서점 직원들을 대상으로 기본마인드에 대한 교육을 할 때였다. 회사 담당자 말이 잘못한 것이 없는데 고객에게 컴플레인을 받은 직원이 있다는 것이다. 그 직원은 억울하다고 했지만 고객은 계속해서 그 직원이 불친절했다고 불만을 제기했고, 결국 그 서점의 점장이 CCTV를 모니터링하게 되었다. 정말 신기하고 놀라운 건 그 직원은 묵묵히 자기 구역에서 책을 정리했을 뿐이었다. 고객에게 불친절한 언행을 했거나 눈에 거슬릴 만한 잘못을 했다고는 전혀 생각되지 않았다. 그런데 무엇 때문이었을까? 왜 이 고객은 많은 직원들 중에서 하필 그 직원에게 컴플레인을 하기에 이르렀던 것일까?

자세히 살펴보니 그 직원이 다른 직원에 비해 다른 한 가지가 있었다. 그것은 조금 어두운 표정으로, 그리고 느린 동작으로 무미건조한 태도를 보였다는 점이다. 다른 직원들이 빠르게 움직이는 반면 그 직원은 힘이 없는 듯이 느릿느릿 움직이고 고객이 뭔가를 물어보면 자신의 일이 아닌 것처럼 무심하게 대답했고, 책의 위치를 가리킬 때도 손가락으로 가리키며 안내를 해주었다. 마치 자신은 책을 정리하는 일만 해야 한다는 표정으로 말이다. 결국 고객은 자신이 뭔가를 물어볼 때도 그렇고 시종일관 불친절하기 짝이 없었다는 말을 했다고 한다.

사실 고객의 말은 진실이 아니었을 수도 있다. 가끔 우리가 고객이 되어보면 한두 번 그곳을 간 경험이 전부이고, 그중 한 번 매장에서 쓰레기를 발견했을 뿐인데도 그곳에서 불친절함을 경험했거나 기분 나쁜 일을 겪었을 땐 "내가 자주 가보는데 늘 그렇더라고. 지저분하고 불친절해."라며 태도가 돌변하게 된다. 그러니 그 서점에서 컴플레인을 한 고객의 말이 진실이 아니었을 수는 있다. 하지만 중요한 포인트는 왜 유독 그 직원에게 불만을 제기했느냐는 것이다.

컴플레인을 받은 직원은 억울하다고 하소연할 수도 있겠지만, 표정이라는 것은 결국 상대가 어떻게 느꼈는가로 결정되는 태도의 종류다. 그 직원이 아팠을 수도 있고, 그날만 그랬을 수도 있고, 그 고객이 소위 말하는 진상이었을 수도 있다. 그러나 의도치 않은 행동에 누군가는 우리를 비호감으로 느끼기도 하며 아무렇지도 않은 행동을 공격적이라고 느끼기도 한다. 몇몇 행동으로 이미 그 직원을 비호감이라고 생각했던 고객은 자신이 질문을 할 때도 여전히 퉁명스러운 그 직원이 못마땅하게 느껴졌던 것이다.

평소에 무표정일 때가 많아 퉁명스러워 보이는 후배가 있었다. 일하던 부서의 특성상 여자 직원이 많았었기에 미팅을 주선해달라는 말을 꽤 많이 들었는데 이상하게 그 후배를 소개해달라는 말은 없었다. 나중에 회식 자리에서 들은 말로는 남자 직원들끼리 그 후배의 표정에 대해 말한 적이 있더란다. 얼굴이 그다지 예쁘지 않아도 웃는 낯이면 기분이 좋을 텐데 볼 때마다 입에 사탕을 문 것처럼 뭔가 불만이 가득한 뚱한 표정을 짓고 있으니 영 별로라는 것이다.

이야기를 들을 땐 남자 직원들의 취향이라고만 생각했었다. 그런데 다음 날부터 그런 이야기를 들어서인지는 모르겠지만 파티션 너머로 보니 그녀는 정말 무표정이라고도 할 수 없는, 누군가에게 혼이 난 듯한, 그래서 잔뜩 삐친 듯한 표정으로 걸어 다니는 것이 아닌가? 결국 그녀는 무엇을 잘못했는지도 모른 채 자신을 비호감이라고 느끼는 조직원을 꽤 많이 만들어버린 안타깝고 억울한 상황에 놓여 있었다.

그런데 회사는 학교와 달라 누가 가르쳐주는 것도 아니고 방학이 있어 과외를 받거나 보충수업을 할 수 있는 곳이 아니다. 스스로 알아야 하고 고쳐야 한다. 자신이 무엇을 잘못하고 있는지 인식하지 못한다면 평생 모르고 지나갈 수도 있는 곳이 회사인 것이다.

이러한 여러 가지 이유로 아끼지 말아야 하는 것이 호감의 표정, 즉 미소다. 입꼬리를 살짝 올리며 '나는 지금 기분 나쁘지 않아요.'라고 표현해야 한다.

매 순간의 미소가
자신의 이력이다

좋은 표정에는 2가지가 있다. 하나는 치아를 다 드러내며 시원스럽게 웃는 웃음이며, 다른 하나는 치아를 다 드러내진 않지만 좋은 느낌을 전달하며 상대방에게 다가가는 미소다. 그런데 회사에서 치아를 다 드러내면서 웃을 일은 많지 않다. 컴퓨터 앞에서 아무런 이유 없이 껄껄 웃고 있을 수는 없지 않은가? 그래서 늘 지어 보일 수 있는 좋은 표정인 미소가 중요한 것이다.

일상생활에서 우리 얼굴이 가장 많은 사람들에게 노출되는 곳은 버스 정류장이 아닐까 생각한다. 버스를 타고 가다가 버스가 잠깐 서면 창밖의 사람들을 훑어보게 되지 않는가? 결국 우리가 정류장에서 버스를 기다리는 그 순간이야말로 청중 100여 명 앞에서 프레젠테이션을 하는 것과 결과적으로는 비슷한 것이다.

물론 회사는 들어가는 순간 사람들과 친해지고 매일 서로를 바라보기에 머릿속에 점수판을 늘 돌리고 있진 않는다. 그런데 자신이 가장 많이 보이는 순간들을 인식하지 못한다면 자신도 모르게 만들어지는 자신의 이미지는 꽤나 우울할 것이다. 신뢰와 친분이 쌓여 있지 않은 신입사원 때는 매 순간의 노력이 자신의 이력이며 자기소개라는 것을 잊으면 안 된다.

'뒤센 미소Duchenne smile'라는 단어를 들어본 적 있는가? 뒤센 미소는 19세기 프랑스 신경심리학자인 '기욤 뒤센'의 이름에서 딴 것으로, 마음에서 우러나와 눈과 입이 웃고 있는 미소를 말한다. 미국의 감정심리학자 대커 켈트너 교수의 연구에 의하면 뒤센 미소는 사진에서도 드러나서, 어느 해 졸업한 여대생들의 졸업 사진으로 몇십 년을 연구한 결과 진심으로 미소 짓는 뒤센 미소의 졸업생들이 억지 미소를 짓는 졸업생들보다 훨씬 평탄하고 행복한 삶을 살았다고 한다.

상사에게 깨지고 동료에게 치이더라도, 아니면 전날 밤까지 술에 온몸을 담글 만큼 마시고 아침에 머리가 깨질 것 같은데도 억지 미소를 지으라는 의미가 아니다. 단지 표정만으로도 누군가에게 친해지고 싶은 직원이 될 수도, 그렇지 않을 수도 있다는 말이다.

칭찬은 반드시
발견한 그 순간에!

미소처럼 아낄 필요가 전혀 없는 한 가지를 더 꼽으라면 그것은 바로 '칭찬'이다. 칭찬은 생각보다 쉽지 않다. 예전에는 그저 "대리님, 넥타이가 멋져요. 잘 어울리시네요." 정도만 해도 칭찬이라 여겼지만 요즘은 이런 흔하고 누구나 할 수 있는 말을 칭찬이라 하지 않는다. 칭찬에도 적당한 매뉴얼이 필요하다.

칭찬은 반드시 발견한 그 순간에 하는 것이 좋다. 즉 묵혀둘 필요가 없다는 뜻이다. '나중에 기회가 되면 해야지.'라고 생각해봐야 소용없다. 그렇게 자연스러운 기회나 상황은 다시 만들어지기 어렵기 때문이다. 만약 그런 상황이 온다고 해도 누군가 선수를 칠 수 있으니 칭찬거리가 생각났을 때는 즉시 상대방에게 표현하는 것이 좋다. 게다가 이해관계가 얽힌 조직에서는 안타깝게도 묵혀둔 칭찬을 뜬금없이 꺼내면 뭔가 상대에게 바라는 것이 있는 듯한 느낌을 줄 수도 있으니 망설이지 말고 바로 칭찬하자.

그리고 반드시 말로 해야 한다. 표정만으로 상대에게 전달되는 칭찬은 없다. 여자보다는 칭찬에 인색한 남자들이 변명처럼 "말 안 해도 알지?"라고 할 때가 있는데 말을 하지 않으면 알 수 없는 것이 칭찬이다. 즉 눈빛만이 아니라 반드시 '말로' 제때 표현해야 하는 것이 제대로 된 칭찬인 것이다.

또 한 가지의 원칙을 이야기하자면 칭찬은 자주 하는 것이 좋다. 한 번 우연찮게 하는 칭찬은 오랫동안 기억하기 어렵다. 칭찬거리를 자주 발견해서 이야기해준다면 상대에게 진심을 전달할 수 있다. 그러려면 상대에 대한 관심은 기본이다. 누구나 발견할 수 있는 칭찬이 아닌 관심을 갖고 지켜봐야만 발견할 수 있는 장점을 칭찬으로 만든다면 상대에게 얼마나 큰 힘이 되겠는가?

물론 고수들은 이러한 3가지 원칙을 지키는 것 외에도 누군가를 칭찬할 때 많은 사람들 앞에서 한다든가, 소문이 날 수 있는 자리에서 하는 경향이 있다. 그러면 칭찬받은 주인공에게 여러 명의 편을 만들어주는 것이니 좋은 것이요, 자신은 누군가의 험담이 아닌 장점을 발견해주는 좋은 조직원이 될 수 있는 것이니 1석 2조가 아니겠는가?

'연습하고 해야지.', '생각나면 해야지.', '적응하면 자연스럽게 되겠지.' 같은 말들은 다 변명일 뿐이다. 미소와 칭찬, 즉 아끼지 말고 할 수 있는 것들은 나중이 아니라 바로 지금부터 시작하자.

TIP! 고수가 말하는 '제대로 된 칭찬 한마디'

① 칭찬은 구체적이어야 한다.
남들이 모두 발견하는 칭찬보다는 애정을 가지고 바라봤을 때 발견할 수 있는 칭찬을
해야 한다. 칭찬의 내용이 구체적이면 상대가 자신에게 관심을 가진다고 느껴, 칭찬을
받았을 때 기분이 더 좋아진다.

② 많은 사람들과 공유하는 방법을 찾아본다.
칭찬을 한 명보다는 여러 명이 알 수 있도록 한다면 얼마나 기분이 좋겠는가? 사람들이
많은 곳에서 칭찬하는 것도 좋고, 누군가를 통해서 듣도록 하는 것도 좋다. 제3자에게
서 듣는 칭찬이 직접 전하는 칭찬보다 훨씬 진심처럼 느껴지지 않겠는가?

③ 그 사람이 가진 물건보다는 그 사람의 재능이나 태도를 칭찬한다.
누구나 하지 않는 칭찬이어야 하지 않겠는가? 빤히 보이는 넥타이와 차림새, 헤어스타
일보다는 그 사람만이 가진 개성을 칭찬할 수 있다면 훨씬 양질의 칭찬이 될 것이다.

잘생김보다 중요한
얼굴의 느낌

"만약 저런 얼굴을 가진 사람을 만나면,
난 그 사람을 정말 너무너무 좋아할 거예요." _호손 단편 『큰 바위 얼굴』 중에서

연예인들 중에는 호감이 가는 연예인이 있다. 무슨 말을 하더라도 같은 편이 되어주고 싶고, 착할 것 같고, 친절할 것 같고, 이상하게 한번 그렇게 생각이 들면 늘 그 사람이 잘되기를 마치 가족처럼 빌어주게 되는 것 같다. 반면 늘 비호감인 연예인도 있다. 왠지 사석에서도 불친절할 것 같고, 눈치가 없을 것 같고, 옆에 있어도 딱히 무슨 말을 해야 할지 느낌이 오지 않는다. 한번 그런 생각이 들면 그 사람이 좋은 일을 했다 하더라도 무슨 꿍꿍이속이 있을 것 같다.

그들과 실제로 대화를 나눠보지 않았으니 그들의 실체를 자세히 알 리 없으며, 개인적으로는 TV를 많이 보는 편도 아니어서 이름을 검색해

가며 프로그램을 찾아보는 것도 아닌데 왜 잘 알지도 못하는 연예인들을 보면서도 누구는 호감으로, 누구는 비호감으로 느껴지는 걸까? 여기에는 커뮤니케이션 방법의 차이도 있을 것이고, 생김새의 차이도 있을 것이다. 물론 개개인의 취향 문제일 수도 있지만 나는 그중에서 많은 부분을 그 사람의 표정이 차지하고 있다고 생각한다.

답이 나올 것 같은
좋은 표정의 사원

요즘 TV를 보면 많은 배우나 개그맨, 가수들이 자신의 분야가 아닌 예능 프로그램에도 자주 나오는 것을 볼 수 있다. 자연스러운 토크가 대세이다 보니 주로 그들이 말하는 장면에 얼굴이 비춰진다. 그러나 종종 말을 하지 않더라도 누군가가 말할 때 옆에서 리액션을 취하는 장면이 나오기도 하고, 애드리브를 툭 던지는 장면이 나오기도 하며, 때로는 아무것도 하지 않고 멍한 표정을 짓고 있을 때도 화면에 잡힌다.

그럴 때 드러나는 좋은 표정들이 있다. 습관적으로 드러나는 그들의 성실함이나 사람을 대하는 자세 같은 것들이 보이는 것이다. 몇 초라고도 할 수 없을 짧은 시간이지만 그들의 표정은 많은 것을 느끼게 하고 이를 통해 시청자는 마음대로 해석하거나 판단하고 짐작하게 된다. 그러니 사람의 첫인상은 0.1초 안에도 결정된다는 학자들의 말은 확실히 믿음이 간다.

그런 의미에서 배우 차태현 씨는 참 좋은 표정을 가지고 있다고 생각한다. 화면에 비칠 때도 비치지 않을 때도 한결같이 표정이 밝다. 물론 그의 밝은 표정이 배역이나 작품 선정에 있어서는 어느 정도 걸림돌이 될 수 있겠지만, 그의 표정은 항상 밝고 다른 출연자들의 이야기에 방청객과 같은 반응으로 호응해주어 보는 이로 하여금 좋은 기분이 들게 한다.

이효리 씨는 차태현 씨와는 조금 다른 이유에서 좋은 표정을 가진 연예인이라고 생각한다. 물론 신인 때와 지금은 다른 부분이 있겠지만 그녀는 자신의 말에 진실성을 담으려고 노력한다. 즐거운 이야기를 할 때는 한없이 즐겁고 솔직하며 진지한 이야기를 할 때는 진심을 담고 있다고 느껴진다. 그것이 도대체 어떤 알고리즘으로 우리에게 전달되는 것인지는 알 수 없으나, 그녀의 말이 자신의 의견이며 자신의 생각임이 분명하게 전달된다. 그러니 그녀가 대중에게 어떠한 평을 듣든 간에 기본적으로는 소통의 아이콘이 된 데는 그녀의 좋은 표정이 한몫을 했다고 본다.

JYP엔터테인먼트 신입사원 교육을 몇 년간 진행하다 보니 가수들의 표정에 관심이 갈 때가 있다. 최근 한 프로그램에서 신인가수가 참으로 털털하게 웃는 장면을 본 적 있는데 그녀는 늘 그렇게 털털하게 잘 웃는 것 같았다. 게다가 다른 이가 옆에서 이야기를 하면 고개를 쭉 빼고서는 이야기를 듣는 것이다. 간혹 카메라에 잡힐 때면 여지없이 그렇게 기린처럼 목을 쭉 빼고서는 누군가의 이야기를 듣는다.

내가 이런 이야기를 했더니 "신인이라 그렇겠지."라고 말하는 사람들이 많았는데 사실 신인 중에서도 그렇지 못한 연예인이 더 많다. 바쁜 스케줄 탓인지 자신의 토크가 아닌 순간에는 멍한 표정을 짓고 있거나, 자기도 모르게 입을 쭉 내밀고 있는 것은 보통이고, 눈에 힘이 풀린 채 심각한 표정으로 일관하는 신인도 있다. 그러니 신인이라는 이유로 늘 좋은 표정과 호응의 태도를 가지고 있는 것은 아니라고 생각한다.

조직에서도 마찬가지다. 신입이 늘 답이 나올 것 같은 표정을 짓고 있으면 참으로 호감이 간다. 복사기 앞에서도, 컴퓨터 앞에서도, 회의 책상 앞에서도, 어떤 말을 걸어도 대답이 나올 것 같고 입꼬리는 살짝 올라가 미소로 화답할 것 같은 표정이 있다.

반면 침체된 표정으로, 불만이 가득한 느낌으로 늘 어두운 기운을 전하는 신입도 있다. 그런 사람들은 왠지 눈치가 없을 것 같고, 엉덩이는 의자에 붙어 있지만 마음은 다른 곳에 가 있는 것 같기도 하다. 뭔가를 지시하면 뒤돌아서서 투덜거리며 입을 삐죽삐죽 내밀 것 같은 느낌을 준다.

그래서 우리는 가끔 우리가 아무것도 하지 않을 때의 표정을 점검해 봐야 한다. 실상 조직에서는 무엇을 하다가 눈이 마주쳐서 우리를 쳐다보는 사람보다는, 우리가 아무것도 하지 않을 때 응시하거나 바라보거나 지나치며 보는 사람이 훨씬 더 많다. 그러니 아무것도 하지 않을 때, 아니, 사무실에서 그저 일에 열중하고 있을 때 자신이 어떤 표정을 짓고 있는지 알아야 한다. 그 순간을 예능 프로그램으로 비유하자면 메인 카메라가 찍고 있지는 않으나 서브 카메라가 계속 찍고 있는 순간이니 긴장을 늦추지 않고 액션을 취해야 한다. 또는 누군가의 이야기에 귀를 기울이며 리액션을 해야 하는 순간인 것이다.

〈무한도전〉 유재석처럼 일할 수 있기를!

〈무한도전〉이라는 프로그램의 출연자들은 일주일 중 하루는 24시간 내내 촬영했다고 한다. 그래서인지 유재석 씨가 다른 멤버들에게 일하는 24시간 동안은 '일'을 해야 하니 "화장실도 가지 말아라!", "졸지도 말아라.", "계속 웃겨라. 일을 해라."라고 말하면서 멤버들을 귀찮게 하는 장면이 간혹 나왔다. 그래서 다른 멤버들은 해외여행을 갈 때나 이동을 할 때 유재석 씨 옆에 있으면 더 많은 분량을 확보할 수 있음에도 불구하고 옆에 앉는 것을 온몸으로 거부하는 장면이 연출되기도 했다.

생각해보면 유재석 씨의 말은 틀리지 않다. 24시간 동안 그들은 일을 하는 것이다. 〈무한도전〉이 그날만큼은 그들에게 '무한상사'인 것이다. 단지 일주일간 할 일을 하루에 몰아서 한다는 차이가 있을 뿐이다. 그들은 그날만큼은 최선을 다해서 일해야 한다. 나름의 역할을 제대로 하고 월급을 받아야 하는 것이다. 그러다 보니 촬영 중에 쉬는 모습을 보이고 집중하지 못하는 모습을 보였던 박명수 씨가 시청자들의 비난으로 곤장을 맞으며 죄송함을 표현한 것은 어찌 보면 당연한 결과이며, 그것을 그렇게 즐거움의 포인트로 바꾼 것은 PD의 역량이리라.

우리도 마찬가지다. 적어도 출근해서 퇴근하기 전까지는 돈을 받고 일하는 시간이 아닌가? 회사에서 당신은 〈무한도전〉을 촬영하고 있는 멤버인 셈이다. 즉 그 시간만큼은 카메라가 돌아가든 그렇지 않든 일로써 평가받아야 한다.

〈무한도전〉 멤버들이 저마다 방송 분량이 다르다는 것을 알고 있으면서도 최선을 다해서 자신의 역할을 하듯이, 우리도 회사에서 작은 일이든 큰 일이든, 그것이 중요한 일이든 중요하지 않든, 매 순간 최선을 다해야 한다. 메인 화면에 많은 분량이 나오는 유재석 씨와 같은 일인자가 될 때까지 우리는 조직 구성원들과의 커뮤니케이션에서 즐거운 리액션, 진지한 리액션을 해줘야 함을 잊지 말아야 한다.

물론 우리는 일주일 중에서 5일 또는 6일을 출근해야 하며, 휴일을 반납하고 출근해서 일해야 할 때도 있다. 원하면 평일에도 쉴 수 있는 연예인과의 비교는 의미가 없을 수 있다. 그러나 누가 보든 보지 않든, 시키든 시키지 않든 자신의 몫을 해내야 하는 것은 그들과 우리의 입장이 다르지 않다. 카메라 앞에 서 있는 동안 최선을 다하는 그들처럼 직장에서 동료들과 함께 있는 동안은 좋은 표정, 성실한 태도, 타인을 대하는 긍정적인 마인드로 신입사원의 또랑또랑한 모습을 잃지 않아야 한다.

가끔 강의를 듣는 교육생들, 그중에서도 중간관리자급 이상에게 표정에 대한 이야기를 하며 당장 "웃어보세요."라는 황당한 요구를 할 때가 있다. 물론 처음에는 황당해하며 쓴웃음을 짓는다. 그렇게 웃는 표정을 억지로 주문하면 자연스럽게 웃는 사람은 10명 중 한 명꼴도 되지 않을 때가 있다. 그리고 "웃는 것이 정말 힘들다면 미소를 지어보세요."라는 요구를 했을 때도 입꼬리를 가볍게 올리는 표정 또한 쉽지 않다고 그들은 말한다.

가끔 TV에서 표정 연구가나 이미지 트레이너들이 요구하는 '와이키키', '김치'가 유치할 수 없는 이유가 분명 있지 않겠는가? 상대방이 자연스럽게 느낄 수 있도록 하기 위해서는 미소와 웃음은 평소에도 자주 연습해야만 한다. 물론 연습하지 않아도 웃는 얼굴이라면 좋겠지만 처음부터 웃는 얼굴로 태어나는 사람은 없다. 우리는 대부분 울면서 세상과 첫 만남을 가졌다. 표정도 결국은 연습으로 자연스럽게 배는 것이니 오늘부터라도 표정에 좋은 느낌이 스며들 수 있게 연습해야 한다.

그리고 우리가 이 모든 것을 연습하고 준비하는 이유는 좋은 사람만, 편한 사람만, 우리를 좋아해주는 사람만, 이성적인 사람만 만나는 것은 아니기 때문임을 잊어서는 안 된다. 좋은 표정은 조급함이 아닌 긴장감, 성급함이 아닌 진지함, 영혼 없는 리액션이 아닌 신입으로서의 밝고 경쾌함을 얼굴에 담는 것이 아니겠는가?

너무 어렵다고 느껴진다면 컴퓨터 앞에 앉아 있을 때, 책을 손에 들고 있는 지금 이 순간, 입꼬리는 살짝 올리고 눈꺼풀에 약간의 힘을 주며 눈빛을 반짝거려보자. 좋은 표정이 좋은 기회와 운을 부르는 것이다.

말을 잘하는 사람은 많아도
잘 듣는 사람은 드물다

다른 사람의 말을 듣는다는 건 그 사람과 같은 시간에 있다는 것,
지금 이 순간, 그 사람의 시간을 함께한다는 것을 의미한다.

우리는 공적인 대화든, 사적인 대화든 서로 주고받는 말 속에서 생각을 정리하고 상대를 알아간다. 공감을 표현하고 고민을 털어놓고 서로를 위로하면서 말이다. 대화가 단지 신입사원이기에 중요하다고는 할 수 없다. 어쩌면 인생을 살아가면서 자는 것 외에 우리가 가장 많이 하게 되는 것이 말이 아닌가 싶다. 그러니 대화를 즐겁고 편안하게 할 수 있는 사람은 얼마나 행복하겠는가?

대화에는 말하는 화자와 듣는 청자가 존재한다. 그런데 회사생활을 하다 보면 말을 못하는 사람은 거의 없는데 말을 잘 듣는 사람은 흔치 않다. 그래서 '경청'이라는 단어가 중요해진 것이리라.

사실 이 대화를 세분화해보면 상사와의 대화, 동료와의 대화, 이성과의 대화, 동성과의 대화로 때마다 유의사항들이 존재하고 나름의 노하우가 존재한다. 하지만 경청은 말하는 사람이 누구든지 간에 표현법은 비슷하므로 오히려 말하는 쪽보다 좋은 관계를 쉽게 얻을 수 있다.

"우리 한번 같이 고민해보자."

　친구 중에 여성들에게 굉장히 인기가 많은 친구가 있다. 그녀는 여자 직원이 굉장히 많은 집단의 중간관리자인데 적이 없는 것으로 유명하며 인기투표를 할 때면 언제나 상위권을 차지했다. 솔직히 여성들은 동성에게 꽤 점수가 박하다. 그래서 여자 직원들 사이에서 여성이 인기 있기는 굉장히, 정말 굉장히 어려운 일이라고 할 수 있다. 그런데 이 친구는 늘 여성들 사이에서 인기가 많았다. 그 친구와 이야기를 해보면 많은 주변인들이 왜 그녀를 칭찬하고 그녀와 가까워지기를 바라는지 알 수 있다. 내가 보기에도 그녀는 '대화의 신'이라 불릴 만하다.

　그녀는 언제나 상대가 이야기할 때는 진지하게 경청한다. 한마디도 빠짐없이 들으려는 의지가 그녀의 자세에서 느껴진다. 상대의 눈을 바라봐주고 몸의 방향을 마주해준다. 그리고 무슨 이야기를 하면 고개를 끄덕이고 가끔 놓친 말을 질문하거나 상대의 끝말을 반복하면서 집중하고 있음을 표현한다. 진지한 대화는 진지한 표정으로 보조를 맞춰주고 즐거운 이야기는 경쾌한 웃음으로 답변한다. 무엇보다도 "어떻게 하면 좋을까?"라고 고민을 털어놓으면 때로는 명쾌한 해답을 제시하기도 하지만 잘 생각이 나지 않을 땐 언제나 이렇게 말한다.

"음, 어려운 문제네. 우리 한번 같이 고민해보자."

그 친구와 이야기를 하면 사람들이 왜 편안해하고 고민이 덜어지는 느낌을 받을까 열심히 생각해보았다. 그녀의 경청의 태도도 물론 훌륭하지만 그녀가 '우리'라는 단어를 자주 쓴다는 또 다른 포인트를 알게 되었다. 그녀는 그 이야기가 끝난 이후로는 대화의 내용을 잊었을 수도 있고 더 이상 함께 고민을 해주지 않았을 수도 있다. 그럼에도 불구하고 그 순간만큼은 그 고민을 같이 겪는 사람인 것처럼 '우리', '같이', '함께' 라는 단어로 응수해주니 마치 그전에는 세상에 하나도 없었던 내 편을 만난 것 같은 기분이 드는 것이다. 대화가 이루어지는 공간에서만큼은 대화에 집중하고 있음을 눈으로, 어깨로, 표정으로, 말로 표현해주는 것, 이것이 바로 경청의 기술이다.

예전에 배우 모건 프리먼의 인터뷰에 관련된 이야기를 들은 적이 있다. 인터뷰어가 일본인이라 중간에 통역사가 있었다고 한다. 그러다 보니 모건 프리먼이 이야기를 하면 통역사가 일본어로 전달해주고, 반대로 인터뷰어가 일본어로 질문을 하면 통역사가 전달해주는 형식이었다. 인터뷰어가 일본어로 물어볼 땐 대부분의 배우들이 편안한 자세로 앉아 있다가 통역사가 말을 하는 순간 잠시 허리를 세우고 질문을 들은 다음 답변을 하는 것이다. 그런데 모건 프리먼은 시종일관 등받이에 몸을 기대거나 다리를 꼬기도 하며 편안한 모습으로 이야기를 하다가도 인터뷰어가 일본어로 질문을 하면 갑자기 꼰 다리를 풀고 몸을 앞으로 내밀어 열심히 귀를 기울였다. 인터뷰어가 혹시 일본어를 아는지 물어보자 모건 프리먼은 "물론 전 일본어를 모릅니다. 하지만 당신이 진지하게 질문하고 있는데, 내가 진지한 태도로 듣지 않는다면 결례가 아닐까요?"라고 대답했다. 이것이 바로 진정한 경청의 모습이다.

경청의 또 다른 방법,
적절한 속도 조절

경청하면서 대화를 이어갈 때도 적절한 대화의 기술들이 있다. 가끔 상사의 입장에서 보면 속 터지게 하는 신입사원들이 있다. 상사들의 표현을 빌리자면 신입사원이 일을 못할 때는 짜증이 조금 나고, 태도가 불성실할 때는 화가 조금 나지만 말이 안 통할 때는 속이 터진단다. 그런 신입사원이 착하기라도 하면 혼내는 상사만 성격 고약한 나쁜 상사가 될 것이니, 이러지도 못하고 저러지도 못하는 상황이 꽤 많다고 한다.

직장에서 갓 후배를 받은 한 선배 직원의 이야기다. 그 부서에 여자 직원이 없어 유일한 여성이었던 이 대리는 여자 후배가 들어와서 무척 기분이 좋았단다. 상사 뒷담화도 할 수 있고 화장실에서 양치질을 함께

하며 수다를 떨 수도 있고, 점심 때 좋아하는 분식을 같이 먹을 수도 있고, 하다못해 온라인 쇼핑몰 이야기를 공유할 수도 있으니 얼마나 좋았겠는가? 어느 날 후배 직원에게 대리가 질문을 했다.

"서 주임, 나 화장이 좀 뜬 것 같지 않아?"

그런데 그 친구의 대답이 바로 나오지 않고 4~5초 정도 지나서야 "아닌 것 같은데요." 하더란다. 처음에야 원래 성격이 느긋한 스타일이라 그런가 보다 생각했지만 그런 일이 자주 있다 보니 그저 조금 불편한 질문을 하면 상사이니 듣기 좋은 쪽으로, 억지로 대답을 해주는 것처럼 느껴졌다고 한다. 하루는 "아, 정말 과장님 너무하지 않냐?"라고 했더니 이 또한 몇 초가 지나서야 "아, 네…."라고 대답을 하니 대리가 "서 주임은 그렇게 생각하지 않나 봐. 나만 그런가?"라고 말하고는 마음이 상해 더 이상 수다스러운 수다는 하지 못했다는 것이다.

사실 이런 이야기를 하다 보면 여성이어서 그런 거라고 생각하는 사람들이 적지 않다. 하지만 남자 직원들과 대화를 할 때도 뭔가 질문이나 동의를 구하는 말을 건넸을 때 4~5초는 길다. 대화가 중단되는 느낌을 주기 때문이다. 그렇다고 뭔가를 물어봤을 때 0.1초 안에 대답하는 것도 이상하다. 그것은 생각도 해보지 않고 그저 기계적으로 대답하는 것처럼 느껴진다. 그러니 진지한 표정으로 급하지도 않고 너무 뜸을 들이지도 않게 대화를 이어나가는 것도 중요한 대화 태도다.

상사가 갑자기 "서 주임, 업체를 바꾸는 게 좋겠지?"라고 물었을 때 잠시의 망설임도 없이 "네."라고 하면 생각 없이 충성심을 표현하는 듯이 느껴질 것이고, "아니오."라고 바로 답을 해버리면 같은 의견을 가진 부하직원이 아니기에 상사는 더 이상 정보를 공유하지 않을 수도 있다. 정확히 왜 그렇게 생각하는지 날카로운 질문으로 응수하며 논쟁을 준비 하게 될 수도 있다. 1~2초의 간격을 두며 진지하게 생각을 했다는 느낌을 전달하면서 "네. 아무래도 그게 좋겠습니다."라든지 "신경 쓰이신다면 제가 좀 더 알아볼까요?"라고 말해야 대화가 이어지지 않겠는가?

동료들과의 대화도 마찬가지다. "오늘 엄청 춥지 않아? 감기 걸리겠다."라고 말하는데 생각도 해보지 않고 바로 "그래, 춥네."라든가 "아니, 안 추운데."라고 대답하는 걸 듣는다면 기분이 좋을 수 있겠는가? 경청한답시고 무조건 고개를 끄덕이는 것은 하수의 전술이다. 경청도 결국 대화 중에 보이는 태도이니 이야기를 관심 있게 듣되 대화를 주고받을 때는 적절한 속도 유지가 중요하다.

의견이 일치하든 일치하지 않든 상대방의 말에 성급하게 생각하고 말하는 것이 아님을 표현해주는 것, 그 이야기에 집중하고 상대에게 관심을 가지고 있음을 표현해주는 것, 그것이 경청의 기술이다. 그리고 이 것은 대화의 습관이 되어야 한다.

'listen(듣다)'이라는 단어의 알파벳 순서를 조금 바꾸면 'silent(조용한)'가 된다. 우연의 일치인지는 모르겠으나 누군가의 이야기를 듣는다는 건 조용히, 그리고 주의 깊게 상대방의 말에 집중한다는 것으로 해석해볼 수 있겠다.

한자로 '들을 청聽'을 살펴보면 왼쪽의 '귀 이耳' 자 밑에 '임금 왕王' 자가 있다(혹자는 '아첨할 임壬' 자라고 보고 다르게 해석하기도 한다). 왕의 말을 듣듯이 상대의 말을 주의 깊게 듣는다는 것을 의미하는 듯하고, '열 십十' 자와 '눈 목目' 자, '일심一心'까지 합쳐져 있는 '들을 청' 자는 '상대를 열심히 바라보면서 상대방의 마음과 하나가 되어야 한다.'라는 의미로 이해될 수 있다. 정말 복잡하고도 심오한 단어가 아니겠는가?

건성으로 듣기만 하는 것도, 선택적으로 자신이 원하는 것만 듣는 것도 진정한 경청이 아니다. 상대방의 말에 관심을 가지고 잘 들어주는 것이 중요하다. 즉 잘 들어주는 것만으로도 좋은 대화 상대가 될 수 있음은 확실하다. 그런데 사회생활 속에서 상대는 뭔가 피드백이나 리액션을 원할 때도 있으니 성의 없이 대답해버리거나 타이밍을 놓쳐 아무런 표현도 해주지 못한다면 듣고만 있는 소극적인 경청이 될 수도 있다. 적절한 타이밍의 피드백과 리액션으로 적극적인 경청 태도를 만들자.

처음에 언급했듯이 '경청'의 기술은 다행히도 상대에 따라 다른 방법을 써야 하는 복잡한 기술이 아니다. 사람을 대할 때는 기본적으로 지켜야 하는 원칙인 것이다. '신입일 때는 이렇게 해야겠구나.'라고 생각하지 말고 앞으로는 '내게 의미 있는 사람들을 이렇게 대해야지.'라고 생각하길 바란다. 가족에게, 친구에게, 사랑하는 사람에게 경청의 깊은 표현을 꼭 티 나게 할 수 있으면 좋겠다.

'쿠나쿠나', 그 놀라운 공감의 힘

'나'의 감정을 함께 느끼고 공감하는 사람과
당신은 진심으로 한편이 되고 싶어질 것이다.

어려운 인간관계의 기술 중 하나가 '공감'이라고 생각한다. 도대체 이런 기술은 누가 처음에 시작한 것이며 누가 이런 단어를 만든 것인지 궁금할 따름이다.

서로 다르게 태어나 서로를 이해하고 상대방의 입장이 되어 고개를 끄덕끄덕한다는 것은 저 하늘에 떠 있는 별을 따다 주겠다는 말보다 더 실천하기 어려운 것이다. 또 지시를 해도 되는 권리를 가진 사람과 지시를 받아야만 하는 의무를 가진 사람이 어떻게 해야 서로 상처받지 않을까 고민해줄 수 있는 능력은 무슨 일을 하든 상대방을 믿어주겠다며 말해주는 것보다도 훨씬 실천하기 어려운 능력이다.

'공감'은 갈고닦고 고민하고 실천하는 고수들만이 할 수 있는 기술이며, 전생에 마을 하나 정도는 구한 영웅이나 태어날 때부터 복을 많이 받은 사람이라도 흔히 가질 수 없는 기술이다. 그만큼 공감이라는 단어는 쉽게 다가갈 수 없는 세계에 존재하는 단어 같다. 그래서 신입사원들에게 "공감하세요. 어디서든, 누구에게든."이라고 말을 꺼내기가 쉽지 않다.

그러나 세상의 모든 인간관계의 기술은 결국 공감이라는 도착지에서 만나게 된다. 직장은 단순히 일하고 월급만 받는 곳이라고 볼 수 없다. 우리는 직장에서 다양한 유형의 사람을 만날 수 있으며, 또 그들과 오랜 시간 함께해야 한다는 것을 인식해야 한다. 비록 자신과 맞지 않는 동료라 하더라도 우리는 공감을 통해 훨씬 많은 '내 편'을 만들 수 있음을 알아야 한다.

공감, 그것은 나와 네가 한편이 되는 것

공감은 대체 무엇인가? 쉽게 말하면 감정을 공유해주는 것이다. 말은 쉽지만 잘되지 않으니 참 답답하다. 우리 모두 제주도에서 2박 3일 정도의 단체 여행을 했다고 가정해보자. 일정을 모두 마치고 공항에서 비행기를 타고 제주도를 뜬 지 20분 정도 되었을 때, 여행 내내 자신과 한 방을 쓰고 지금 옆자리에 앉아 있는 동기가 갑자기 '아!' 하는 탄식과 함께 이렇게 말한다.

"어쩌지? 호텔에 지갑을 두고 왔어요!"

이 순간 당신이라면 어떻게 말하겠는가? 남자들은 대부분 이런 순간 이렇게 이야기한다.

"그걸 이제 발견했어? 호텔에 전화해서 물어봐."

"직원에게 택배로 부쳐달라고 해."

"지갑에 돈 많이 들어 있어? 아니면 그냥 잊어!"

물론 마지막 두 대답이야 웃자고 하는 말이지만 실제로 대부분의 사람들이 문제의 해결을 위한 방안을 생각나는 대로 바로 말한다. 그런데 만약 이렇게 우리가 해결점을 찾으려 한다면 상대방은 고맙기도 하겠지만 한편으로는 무안하기도 할 것이다. 이보다 더 적절한 말은 없을까? 똑같은 상황에서 어떤 이들은 안타까운 표정으로 이런 답변을 내놓는다.

"아이고, 어떡해."

"에구, 지갑을 두고 왔어? 어쩌지?"

차이점을 알겠는가? 바로 상대의 감정을 '공유'해주는 것이다.

상대의 감정을 함께 공유하고 속도를 맞춰주는 그 순간 자연스레 한편이 된다. 이때부터 우린 지갑을 잃어버린 그 사람의 편이 되어 문제를 함께 해결하는 친구가 되어줄 수 있다.

공감이라는 것은 말, 몸짓, 표현으로 그 사람이 지금 그 순간 느낀 감정을 공유하고 있음을 표현하는 것이다. 그러니 표정을 같이 지어준다든지, 그 사람이 한 말을 같이 해보인다든지, 이렇게 그 사람의 느낌을 똑같이 표현해줄 때 비로소 공감이 시작된다.

지갑을 두고 온 동료가 답답하게 느껴지든, 바보같이 여겨지든, 걱정이 되든지 간에 그 순간만큼은 상대방과 함께 감정을 공유해주는 것이 좋다. 즉 문제를 해결하기 위한 방안을 제시하기보다는 안타까운 표정을 먼저 전달하는 것이 바로 공감의 시작이다.

회사 동기가 갑자기 밥을 먹다가 이런 이야기를 한다.

"정말 짜증나 죽겠어. 총무과 갈 때마다 어떤 여자가 꼭 나한테 잔소리하듯이 말한단 말이야. 진짜 진상이라니깐."

이렇게 동기가 짜증을 표현할 때는 어떻게 말해야 할까?

"누구야? 이름이 뭔데?"

"그건 네가 잘못했네. 총무과 사람들이 워낙 일을 많이 처리하니까 예민할 수밖에 없지."

첫 번째든, 두 번째든 공감이라고 할 순 없기에 동기는 할 말을 잃고 밥만 먹는 상황이 될 수도 있다. 그 순간 동기는 문제를 해결하기 위해 상사와 나눌 법한 대화의 형식을 원하지는 않았을 것이다.

"그래? 진짜 짜증 났겠다. 말을 좀 친절하게 해주면 좋을 텐데, 그 사람이 왜 그랬을까?"

다른 예를 들어보자. 여자친구와의 약속 장소로 나가는데 하필이면 집 앞 버스정류장이 공사 중이다. 할 수 없이 한 정거장을 걸어가야만 했고 결국 약속 장소에 늦었다고 생각해보라. 지난번에도 늦어서 여자

친구가 삐쳤었는데 오늘 또 늦은 것이다. 여자친구의 잔소리를 들을 생각에 가는 발걸음이 무겁다. 헐레벌떡 뛰어가서는 여자친구에게 숨이 찬 목소리로 말한다.

"자기야 미안, 버스가 또 속을 썩여서 말이야. 그래서….'

"자기 집 앞은 맨날 공사해? 공사판 한복판에 집이 있니? 지난번에도 늦더니 또 늦어? 그런 걸 알고 있으면 미리 좀 나와야 하는 거 아니야? 추운데 내가 길에서 기다릴 거 몰라?"

미안한 마음이 있었더라도 이런 말을 들으면 매우 화가 날 것이다. 그런데 예상과 달리 여자친구가 "알았어. 힘들었겠다. 밥 먹으러 가자. 뭐 먹고 싶어?"라고 대답한다면 얼마나 사랑스럽겠는가?

물론 이렇게 평소와 달리 화를 내지 않는 그녀가 더 무서울 수도 있겠지만, 적어도 화를 내지 않고 힘들었겠다고 말해줌으로써 어쩔 수 없었던 자신의 사정을 이해해주고 공감해주니 얼마나 고맙겠는가?

공감, 그것은 상대방의 말에 '쿠나쿠나' 해주는 것

백화점에서 실제로 본 장면이다. 이름만 들으면 누구나 금세 알 수 있는 유명하고 고급스러운 브랜드 매장의 매니저에게 조금은 나이가 있는 고객이 이렇게 말했다.

"여기 이 옷 좀 봐요. 이렇게 옷에 보풀이 약간 일어났는데 이거 어떻게 해야 하죠?"

"아, 이건 저희가 할 수 있는 문제가 아니에요."

"아니, 그러니깐 어떻게 하면 좋냐고요."

"이건 당연히 ○○쪽에 연락을 하셔야 하거든요."

"거긴 어떻게 연락하는 건데요?"

"이런 걸 저희 쪽에 문의하신 분이 없어서 저도 어떻게 해야 될지 잘 모르겠는데…."

이렇게 말하는 순간 갑자기 고객이 언성을 높였다.

"지금 내 말이 우스워요?"

"네?"

"내가 말하는 동안 왜 실실 웃어요?"

"네? 저는 친절하게 설명드리려고 한 건데요."

"아니, 내가 불편하다고 이야기하는 거잖아요. 그리고 모르니까 와서 묻는 건데 웃으면서 여기로 문의하는 사람이 없다고 말하는 건 날 바보 취급하는 거 아닌가요?"

"그게 아니라…."

"그게 아니긴 뭐가 아니야? 손님이 물건에 불편함이 있었다고 말하는데 넌 우스워?"

백화점 한 층이 떠나갈 듯이 언성이 높아졌다. 물론 그 매장 매니저는 꽤나 억울했을 것이다. 친절해 보이려고 웃으며 말했는데 무엇이 잘못된 것일까?

바로 '공감'을 표현해주지 않아서다. 적어도 손님이 처음 말을 건넸을 때 "왜 이렇게 되었을까요? 불편하셨겠어요."라고 말하며, 웃는 얼굴이 아닌 안타까운 표정만 지어주었어도 그렇게까지 일이 커지진 않았을 것이다. 나는 화가 나는데 상대가 웃고 있다면 적처럼 느껴질 수밖에 없는 동물의 습성이 우리에겐 남아 있다. 가끔 친구들끼리도 그렇지 않은가?

"오늘 날씨 덥지 않냐?"

"아니, 난 안 더운데."

정말 친구 하기 싫은 순간이다. 그 사람의 말이나 표정, 감정에 공감해주는 것이 중요하다.

"날씨 덥지? 오는데 더워 죽는 줄 알았네."

"아, 더워?"

물론 뒤에 "난 별로 덥진 않은데… 혹시 너 열 있거나 몸이 안 좋은 거 아니야?" 또는 "많이 더워? 내가 더위를 안 타서 그런가?"라고 말할 수는 있다. 이는 고수의 단계로, 상대를 편안하게 해주는 것까지 이루어내긴 어려울 수 있다. 그래도 상대방의 말에 고개를 끄덕끄덕해주며 기분을 맞춰주는 것은 얼마든지 할 수 있지 않을까?

"주임님, 이거 급한 일인데 지금 좀 해주시면 안 되나요?"라는 말에 "안 돼요. 급한 거면 진작 말하지."보다는 "아, 급하세요? 어떡하죠? 저도 당장 끝내서 보고해야 하는 일이 있는데. 최선을 다해볼게요." 혹은 "급한 일이긴 하네요. 근데 저도 이 일을 먼저 지시받아서요. 그럼 오늘

6시까지 해드리는 건 어떠세요?"라고 하면 더 좋을 것이다. 어려운 인간관계의 기술 중 하나가 공감이지만, 이 공감이 어렵다는 말은 어쩌면 실천하지 못하는 우리 모두를 위한 변명이 아닌가 싶다.

공감은 남녀 사이에서는 더할 나위 없이 중요한 기술이다. 아마도 화성에서 온 외계인과 금성에서 온 외계인이 5분 만에도 친구가 될 수 있는 기술이 아닐까 싶다.

〈응답하라 1994〉라는 드라마에 전라도에서 온 주인공 해태가 여자친구와 싸운 후 다른 친구들에게 연애 상담을 받는 장면이 나온다. 여자들은 남자들에게 다음과 같은 상황에서 어떤 대답을 할지 물어본다.

"만약 나정이가 이사를 했는데 새집이라 문을 닫으면 페인트 냄새 때문에 머리가 아프고, 그렇다고 문을 열면 매연 때문에 기침이 난다. 어떻게 하면 좋을까?"

대부분의 남자들은 문을 열지 말지를 고민한다. 그것이 정상적인 문제 해결의 능력을 가진 남자들의 반응이다. 그렇지만 여자들이 원하는 답은 극 중 칠봉이의 대사다.

"글쎄, 닫는 게 낫지 않나? 근데 나정아, 넌 괜찮아?"

남자들에게는 절대 없다는 우뇌가 칠봉이에게 탑재되어 있었던 것이다. '괜찮아?'라는 말, 즉 공감이 먼저인 것이다.

여자친구가 이런 말을 한다고 가정해보자.

"날씨가 으슬으슬 추운 게 몸살이 오려는 것 같아."

이때 "옷을 좀 더 껴입어!", "창문 좀 닫고 자라니깐. 내 그럴 줄 알았다.", "춥긴 뭐가 춥냐. 운동 부족이야."가 아니라 "괜찮아? 약은 먹었어?"라고 대답하는 것이 바로 공감이다.

감정의 공유, 가끔 여자들만 이해하는 공감, 그래서 도저히 남자들은 이해할 수 없는 공감, 하지만 정말 조금만 노력해도 월등히 잘한다고 칭찬받을 수 있는, 돋보일 수 있는 능력이 바로 공감이다.

최고의 연애 기술도 공감이라고 할 수 있다. 상대방의 말에 "그렇구나.", "그랬구나."만이라도 적절히 사용해서 쓸 수 있다면 사랑받는 남녀가 될 수 있다. 이것이 바로 '쿠나쿠나' 공감법이다.

사랑하는 사람에게만 공감이 필요한 것은 아닐 것이다. 인간관계의 기술과 연애의 기술은 크게 다르지 않다. 오늘부터 기억해보자. 상대가 뭔가 이야기하면 먼저 열심히 들으며 경청을 표현한다. 그 사람을 바라보고 의자를 조금 당겨 앉아 그 사람의 기분을 적극적으로 헤아려보자. 사람들은 자신의 이야기를 들어주는 사람에게 기꺼이 마음의 한 칸을 내준다. 그리고 그 내용에 공감하며 같은 편임을 알려주자. 같은 편임을 알려주기 위해서는 그 사람의 거울 속 모습처럼 그에게 다가가자. 우리는 자신과 다른 상대에게서 매력을 느끼지만, 자신과 닮은 모습에서 편안함을 찾는다. 그와 닮은 꼴이 되어서 그의 박자에 맞춰보자. 그가 눈치채지 못하는 사이에 당신은 그 사람과 한편이 될 것이다.

어느 날 외계인이 지구에 불시착해서 우리의 방 창문으로 들어와도 단숨에 친구가 될 수 있는 가장 아름다운 재능이 공감임을 잊지 말도록 하자.

감사한 마음을
전해야 하는 순간들

일의 시작은 정중함이고 일의 끝은 감사함이다.
뭔가를 받았다면 반드시 그 이상을 되갚는 것이 좋다.

사람과 사람 사이에 관계라는 것이 편해지면 흔히 '말 안 해도 알지?', '눈빛만 봐도 알지?'와 같은 착각을 하게 된다. 그러나 사람들은 표현하지 않으면 절대 모른다.

직장 동료들끼리도 허물없이 지내게 될 때가 있다. 나에게도 가족 이야기부터 숨겨놓은 고민까지 거리낌 없이 이야기했던 동료가 있었다. 어찌 보면 그 친구는 동료와 친구 사이쯤 되지 않았나 싶다. 그러다 보니 힘든 일이 있으면 부탁도 하고 그 친구의 부탁을 들어준 적도 많았다. 서로가 동료이면서 친구라고 여겼기 때문에 굳이 고맙다는 표현을 하지 않아도 그동안 쌓아둔 우정과 시간이 그 표현을 대신할 거라고 생각했다. 그러나 돌이켜보면 그건 순전히 나만의 착각이었다.

사랑하는 가족이라도 아무렇지 않게 부탁을 하고는 그것을 해결해줬을 때 "고맙다."라는 말 한마디 하지 않으면 서운할 때가 있지 않은가? 온 정성을 다하는 가족끼리도 때로는 서운함을 느끼는데 아무리 친구처럼 지낸다 하더라도 각자의 일이 정해진 회사에서 선택권 없이 만난 동료끼리는 오죽하겠는가? 그래서 가끔 나는 친구이자 동료였던 그 친구에게 늘 고마움을 표현했더라면 더 좋지 않았을까 생각한다. 그랬다면 회사를 그만두고 오랜 시간이 흘렀을 때도 편하게 연락하며 지금은 더 진한 인생의 친구가 되어 있지 않았을까?

"고마워요, 도현정 님."

책을 좋아하던 나는 사무실 책상 위에 책들을 쌓아두는 나름의 인테리어를 했던 적이 있다. 사실 성격이 그리 깔끔하지 못해 정리도 잘 못했지만 이것은 스트레스받는 회사에서 나만을 위한 쉼표였다. 책상 귀퉁이에 쌓여 있는 여행 책자들, 내가 늘 마음에 담아두는 글귀가 있는 자기계발서, 미술 관련 책이나 소설까지 그 책들의 제목이 눈에 띄면 잠시나마 숨을 돌리곤 했다. 한 달에 한 번쯤은 책의 위치도 바꾸고 책의 종류도 바꾸며 나름 나만의 책상 인테리어를 했다. 그런 나에게 어떤 상사는 지나가다가 "회사에서는 일만 해야지. 여기가 도서관이냐?"라며 농담인지 진담인지 알 수 없는 말을 했고, "차라리 일에 관련된 책을 놓아두는 게 낫지 않아?"라며 조언을 해준 동료들도 있었다. 물론 내 생각에도 능력이 있어 보이거나 깔끔해 보이진 않았지만 그땐 그러는 게 나의 힐링이었다.

그런데 내가 책을 종종 바꾸는 것을 눈치챈 동료들은 차츰 신경이 쓰이기 시작했나 보다. "그 책은 신간인가?"라고 물어보는 상사가 있는가 하면 "여행책이 대부분 유럽이구나."라고 관심을 가져준 상사도 있었다. 혹은 "나도 그 책 사고 싶었는데, 재밌어?"라고 물어보는 동료도 있었다.

어느 날부터는 빌려달라는 사람들이 생겨나기 시작했다. 취향이 비슷하면 확실히 호감이 느껴진다. 그리고 내가 좋아하는 책을 누군가 좋아하며 읽는다는 건 기분 좋은 일이다. 그러다 보니 "그럼요, 얼마든지 빌려가세요."라고 말하며 책을 빌려주기에 이르렀고 책을 빌려가는 분들과 책에 대한 이야기를 간단하게 나누는 것도 즐거운 일과가 되었다.

문제는 책을 좋아하는 사람들은 알겠지만 책을 정말 좋아하면 책을 귀하게 여기게 된다. 내 책에 내가 낙서하는 것은 괜찮지만 허락 없이 남이 하는 낙서는 싫다. 또 예쁜 책갈피들이 얼마나 많은가? 그런데 꼭 귀퉁이를 접거나 한 장에서 반을 뚝 하니 접어 표시를 해두는 사람들도 있으니 책을 빌려주는 입장에서는 무척 화가 난다. 빌려갈 때는 웃는 얼굴로 "빌려갈게."라고 말하고는 돌려줄 때는 내가 없을 때 책상 위에 슬쩍 놓고 가는 동료도 있고, 흠집 낸 책에 대한 미안함은 인사에서 쏙 뺀 채 "잘 봤어."라며 짧게 한마디만 하고 돌려주는 상사도 있었다.

그 와중에 그 동료가 없었다면 나의 힐링은 분명 스트레스가 되었을 것이다. 그 동료는 말을 많이 나눠본 적은 없지만 책을 대하는 마음이 나와 비슷했다. 책을 빌려 갈 때는 유심히 살펴보고 내가 바쁘지 않으면 책에 대한 나의 의견을 물어보았다. 마음에 드는 책을 빌려 갈 때는 고맙다는 말과 함께 꼭 메모지에 자기의 이름과 책을 빌려가는 날짜를 써 책상 위에 붙여주었다. 그러지 않아도 된다고 하면 자기도 그래야만 얼른 책을 읽고 돌려줄 수 있다며 꼭 메모를 남기곤 했다. 그리고 책을 돌려줄 때는 "정말 잘 읽었어요."라고 말하며 돌려주는데 책 안에는 항상 엽서 한 장이 들어 있었다. 그 엽서에는 책을 읽으며 좋았던 문구와 함께 늘 이 말이 쓰여 있었다.

"정말 고마워요, 도현정 님."

감사함을 표현할 수 있는
수많은 순간들

'감사'라는 말의 영어 단어인 'gratitude'는 라틴어 'gratus'에서 왔다고 한다. 이 말의 뜻은 'pleasing(기쁘게 해준다)'의 의미를 품고 있다. 결국 감사함을 표현하는 것은 많은 사람들을 기쁘게 해줄 수 있는 일이기도 하다.

별것 아닌 일들이지만 그런 도움이 없다면 우리의 회사생활은 엉망진창이 될 수 있다. 일이 넘쳐나서 숨이 턱턱 막힐 때 누군가 커피 한 잔을 책상 위에 올려놓아주면 누가 시키지 않아도 저절로 고맙다는 말이 나온다.

하지만 이런 순간이 아니어도 감사한 마음을 표현해야 할 일은 생각보다 많다. 그 사람이 해야 하는 당연한 일이지만 기한을 넘기지 않고 나에게 넘겨주면 정말 감사한 일이다. 문 앞에서 서로 부딪혔을 때 먼저 문을 열어줘도 감사한 일이다. 업무 협조를 해야 하는 것이 우리의 의무이긴 하지만 그 일을 하면서 나를 힘들지 않게 했다면 그 역시 감사한 일이다. 나의 실수를 기분 나쁘지 않게 지적해주는 일도 감사한 일이다. 자기 코가 석자인데 누군가의 실수를 말로 해주는 것도 결코 쉬운 일이 아닌데 기분 나쁘지 않게 알려주면 얼마나 감사한 일인가? 이런 순간을 만나게 될 땐 망설이지 말고 감사하다고 말로 표현하자.

반대로 미안한 일이 생길 수도 있다. 갑작스러운 출장이 생겨서 일의 마무리를 상사의 지시로 동료가 하게 되었다면 그건 당연한 지시이지만 "정말 미안해요. 괜히 일이 많아지셨죠?"라고 말을 건네면 얼마나 좋겠는가? 고마울 땐 진심으로 고맙다고 말하고, 미안할 땐 진심으로 미안하다고 말해야 한다.

가끔 이런 표현이 서툴다고 느껴질 때가 있다. 하지만 그건 서툴러서가 아니라 자존심이 너무 강해서다. 자존심으로 얻어질 수 있는 게 인간관계에서는 그렇게 많지 않다. 그러니 사소한 일이라도 가볍게 넘기지 말고 반드시 상대에게 감사함과 미안함을 말로 표현하자.

그 순간을 놓치면
다시 하기 어려운 말

감사함을 표현하는 일은 타이밍이 정말 중요하다. 일의 과정에서 일어난 고마움을 그 순간에 표현하는 것도 중요하지만 일의 마무리에서 한 번 더 진하게 감사함을 전하는 것도 중요하다. 첫인상만큼 중요한 것이 끝 인상이며 시작만큼 중요한 것이 마무리다.

대신 마무리 단계에서의 감사함은 정확하게 어떤 부분에서 감사했는지를 자세하게 표현해주는 게 필요하다. 이메일이어도 좋고, 문자 메시지여도 좋다. 물론 직접 얼굴을 보고 할 수 있으면 더 좋다.

"김 주임님, 지난번 요청드렸던 서류를 바로 전달해주셔서 정말 감사했어요. 주임님의 신속하고 정확한 조치로 이번에도 기한을 넘기지 않을 수 있었습니다. 진심으로 감사해요." 이렇게 꼭 집어서 칭찬과 함께 감사함을 표현하면 오랫동안 기억에 남는다.

이런 기술을 협업 과정에서는 '피드백의 스킬'이라고 한다. 마음이 담긴 행동은 때론 비즈니스 기술이 되고 때론 인간관계의 비타민이 된다. 방법은 다르지 않다.

얼마 전에 〈장수상회〉라는 영화를 봤다. 좋은 영화라는 평도 있었지만 내가 정말 힘들었던 시간에 친구처럼, 자매처럼 나의 곁에 있어주었던 선배가 출연하는 영화라서 일부러 극장을 찾았다. 이 영화를 본 사람들은 가족에 대한 고마움으로 가슴이 먹먹해졌을 것이다. 나 역시 보는 내내 가족과 부모님에 대한 생각에 가슴이 시렸다.

그런데 이 영화를 보며 가장 보고 싶었던 사람은 다름 아닌 영화에 출연한 그 선배였다. 내 삶에서 가장 열정적이었고 치열했던 시간, 그래서 주변 어떤 사람도 보이지 않았던 시기에 그 선배가 내 곁에 있었다. 경제적으로도 심적으로도 여유가 없어서 누군가에 대한 배려라고는 꺼낼 수도 없는 날들이었다. 그때 그 선배는 내 곁에서 나를 위로해주었고 따뜻한 말을 건네주었으며 힘이 되어주었다.

'고맙다'는 말도 때가 있다. 물론 아직도 연락하고 지내면서 이 영화의 출연을 진심으로 축하해주었지만 10년 전의 그 고마움을 그때 표현했으면 더 좋았을 것을, 그 선배에게 고맙다는 말을 한 적이 있나 생각해보니 마음 아프게도 없었다. 시간이 없다는 이유로, 집이 멀다는 이유로 만남도 미루고 있었다. 알면서도 실천하지 못했다. '감사함을 표현해야 할 한 사람'을 떠올려보라고 하면 이 선배를 제일 먼저 떠올리면서도 나는 그동안 마음속의 말은 다 하지 못했다.

"선배, 그때 내 곁에서 못난 나를 있는 그대로 좋아해줘서 고마워요."

이제 와서 이 말을 해도 내 진심이 선배에게 전해질까?

행복한 하루를 위해
필요한 마음가짐

생각해보면 감사할 일이 인간관계에서만 있겠는가? 긍정적으로 하루를 살아가기 위해 필요한 마음이 '감사함'이라고 한다. 행복은 만들어가는 것이고 매일매일 감사한 일을 3가지만 떠올려도 몸의 변화가 이루어지면서 건강하게 살아갈 에너지를 얻을 수 있다고 한다.

출근길의 화창한 날씨 덕분에 양복을 버리지 않아 감사하고, 지하철에 자리가 생겨 앉아서 회사까지 갈 수 있으면 감사하다. 또 일이 제대로 마무리되어도 감사하고, 어떤 날은 정시에 퇴근할 수 있어도 감사하고, 퇴근할 수 있는 직장이 있어 더욱 감사하다.

사소한 것에서부터 감사한 마음을 가지면 자신에게 일어나는 많은 일들이 행복하게 느껴지고 꽤 많은 사람들의 행동이 남다르게 느껴진다. 게다가 어떤 날은 스트레스를 주는 일이 있다는 것 자체가, 고민하게끔 하는 일 자체가 한없이 감사하게 느껴질 때도 있다.

선배가 후배에게 들려주는 조언

김지영 차장(메가넥스트컨설팅팀 수석컨설턴트)

"김 과장, 이번 컨퍼런스 강사님들 섭외 끝났나?"

"네, 강연시간 조정해주신 강사님들 덕분에 잘 마무리했습니다."

"수고했어. 그나저나 키노트keynote를 맡아주실 연사 분, 작년부터 모시려고 여러 번 연락했는데 섭외가 생각보다 힘드네."

"누구신데요?"

"제일기획 마케팅 ○○○국장."

"저 그분 알아요. 10년 전에 그분이 차장님이실 때 저를 아르바이트로 뽑아주셔서 1년 정도 함께 일한 적 있어요. 제가 한번 연락해볼까요?"

컨퍼런스 준비 일정도 촉박했고, 성격이 까다롭다고 소문이 났던 그분을 꼭 섭외해야만 하는 상황이었습니다. 과거 그분과 관계가 있었으니 연락이라도 한번 해보겠다며 호기롭게 나서

긴 했지만, 사실 대학교 3학년 때 휴학을 하고 잠시 일했던 일개 아르바이트 학생을 기억해주실지 덜컥 겁이 났습니다. 그래도 혹시 모르니 눈 질끈 감고 전화를 했습니다. 벨이 한참 울린 후에야 들려오는 목소리.

"○○○입니다."

"○○○국장님, 안녕하세요? 저는 ○○○에서 근무하는 김지영이라고 합니다만, 혹시 10년 전 마케팅연구소에서 아르바이트 했던 김지영이라고 기억하실까요?"

"뭐? 그때 그 김지영이라고? 진짜 오랜만이네! 벌써 10년이 넘었구나. IMF 때 1년이나 같이 일했는데 당연히 기억하지. 넌 늘 웃으면서 인사했었지. 정말 반갑다. 그래, 넌 어떻게 지내고 있니?"

반가운 인사로 시작된 통화 끝에 키노트 강연 섭외까지 성공리에 마치고 전화를 끊었습니다. 오랫동안 섭외에 공을 들이셨던 이사님은 제가 승낙을 받아냈다고 하니 "아니, 어떻게 아는 사이기에 내내 거절만 하던 사람이 승낙을 했지?"라며 고개를 갸우뚱하셨던 기억이 납니다.

학생 신분으로 시작한 아르바이트. 1년이란 시간 동안 사실

제가 한 일은 문서 작성과 자료 정리라는 단순 업무였습니다. 그 당시 마케팅연구소에서 아르바이트로 일했던 학생이 4명이나 되었으니 그중 한 명이었던 저를 10년이라는 긴 시간이 지난 후에도 좋은 모습으로 기억해주셨다는 게 더 놀랍기만 했습니다. 곰곰이 생각해보니 그 당시, 늘 상사들을 관심 있게 지켜보면서 스스로 일을 찾아서 했던 제 모습이 오랜 시간이 지나도 좋은 기억으로 남아 웃으면서 인사할 수 있는 관계를 만들어준 것은 아닐까 합니다.

앞으로 신입사원 여러분도 직장생활을 시작하는 그 순간부터 많은 사람을 만나 본격적인 '관계'를 만들겠지요. 저 역시 아르바이트를 하며 사회생활을 시작했던 그때 그 사람들을 이렇게 다시 만나게 될 거라는 생각은 꿈에도 못했습니다. 여러분도 다르지 않을 것입니다. 지금 만나는 누군가가 1년 후, 3년 후, 5년 후에 어떤 모습으로 서로에게 힘이 되어줄지는 그 누구도 알 수 없는 일이니까요. 그러니 지금부터 만나는 모든 사람들과 어떤 관계를 만들어갈지 고민해보세요.

지금부터 만나게 되는 한 사람, 한 사람과의 인연을 소중하게 여기고 감사하게 생각해보세요. 서로에게 좋은 관계가 되길 진심으로 바라는 마음으로 첫 만남을 시작해보길 바랍니다. 그렇게만 할 수 있다면 쌓이는 시간만큼 '좋은 관계'의 깊이도 더할 수 있을 것입니다.

평범한 홍사원은 어떻게 팀장의 마음을 훔쳤을까

초판 1쇄 발행 2019년 9월 30일

지은이 도현정

펴낸곳 원앤원북스

펴낸이 오운영

경영총괄 박종명

편집 김효주·최윤정·채지혜·이광민

마케팅 안대현·문준영

등록번호 제2018-000058호(2018년 1월 23일)

주소 04091 서울시 마포구 토정로 222 한국출판콘텐츠센터 306호(신수동)

전화 (02)719-7735 | **팩스** (02)719-7736

이메일 onobooks2018@naver.com | **블로그** blog.naver.com/onobooks2018

값 15,000원

ISBN 979-11-7043-022-3 03320

이 도서의 국립중앙도서관 출판예정도서목록(CIP)은 서지정보유통지원시스템 홈페이지(http://seoji.nl.go.kr)와 국가자료종합목록 구축시스템(http://kolis-net.nl.go.kr)에서 이용하실 수 있습니다.(CIP제어번호: CIP2019034735)